中国书籍学术之光文库

微博准社会交往实证研究

毛良斌 | 著

中国书籍出版社
China Book Press

图书在版编目（CIP）数据

微博准社会交往实证研究/毛良斌著.—北京：中国书籍出版社，2020.8
 ISBN 978-7-5068-7942-2

Ⅰ.①微… Ⅱ.①毛… Ⅲ.①博客—社会交往—研究 Ⅳ.①G206.2②C912.3

中国版本图书馆 CIP 数据核字（2020）第 150903 号

微博准社会交往实证研究

毛良斌　著

责任编辑	李　新
责任印制	孙马飞　马　芝
封面设计	中联华文
出版发行	中国书籍出版社
地　　址	北京市丰台区三路居路 97 号（邮编：100073）
电　　话	（010）52257143（总编室）　（010）52257140（发行部）
电子邮箱	eo@chinabp.com.cn
经　　销	全国新华书店
印　　刷	三河市华东印刷有限公司
开　　本	710 毫米×1000 毫米　1/16
字　　数	160 千字
印　　张	14.5
版　　次	2020 年 8 月第 1 版　2020 年 8 月第 1 次印刷
书　　号	ISBN 978-7-5068-7942-2
定　　价	89.00 元

版权所有　翻印必究

目 录
CONTENTS

第一章 绪 论 ………………………………………………… 1
- 第一节 问题的提出 1
- 第二节 本研究的核心内容 3
- 第三节 研究价值与意义 5

第二章 国外准社会交往研究现状 …………………………… 8
- 第一节 准社会交往概念的提出及内涵发展 8
- 第二节 准社会交往的测量 16
- 第三节 准社会交往对传播效果的影响 30
- 第四节 引起准社会交往的原因变量 33
- 第五节 准社会交往研究的理论基础 39

第三章 国内准社会交往研究现状 …………………………… 42
- 第一节 准社会交往理论介绍 42
- 第二节 不同受众的准社会交往行为及特征研究 43
- 第三节 主持人与受众的准社会交往现象 44
- 第四节 准社会交往量表的编制及检验 45

第五节　准社会交往研究总结　48

第四章　微博准社会交往模型构建 …………………………………… **50**
　第一节　微博准社会交往的可能性及特殊性　50
　第二节　微博准社会交往的研究模型　53

第五章　微博准社会交往理论结构分析 ……………………………… **58**
　第一节　研究方法　58
　第二节　访谈资料分析与结果　63

第六章　微博积极准社会交往 ………………………………………… **73**
　第一节　微博积极准社会交往问卷的编制　75
　第二节　微博积极准社会交往理论结构的探索性研究　76
　第三节　微博积极准社会交往理论结构的验证性研究　84
　第四节　微博积极准社会交往量表的信度和效度分析　91
　第五节　研究总结　94

第七章　微博消极准社会交往 ………………………………………… **96**
　第一节　微博消极准社会交往量表的编制　97
　第二节　微博消极准社会交往理论结构的探索性研究　99
　第三节　微博消极准社会交往理论结构的验证性研究　107
　第四节　微博消极准社会交往量表的信度和效度分析　113
　第五节　研究总结　115

第八章 微博准社会交往的特征分析 117
第一节 研究背景 117
第二节 研究方法 119
第三节 研究结果 122
第四节 研究总结 151

第九章 微博准社会交往对议程融合的影响研究 158
第一节 问题提出 158
第二节 理论背景与研究假设 159
第三节 研究方法 166
第四节 研究结果 175
第五节 研究结论 184

参考文献 194

附 录 206
附录一 微博用户访谈提纲 206
附录二 基于微博积极准社会交往量表 208
附录三 微博使用情况调查表 210
附表四 微博接触及使用调查 217

后 记 221

第一章

绪 论

第一节 问题的提出

在微博、人人、豆瓣等社会化媒体愈来愈流行的今天,不仅有越来越多的受众通过这些平台来搭建自己在网络世界里的社交网络,也有越来越多的名人偶像通过开微博、建小站等方式利用社会化媒体来向粉丝受众更新自己的动态,甚至是直接互动。这被认为是社会化媒体搭建了一座填补受众与偶像之间传播沟的桥(Ballantine, Martin, 2005)。

如何理解在新的传播环境下,受众与偶像之间的关系,准社会交往(Parasocial interaction)可能是一个有效的理论视角。准社会交往最初由霍顿(Horton)和沃尔(Wohl)(1956)提出,意在解释受众在持续观看节目时发展起来的一种与媒介人物的特殊关系,这种关系类似于人际关系但却是单向的,受到多方面中介的。已有的研究认为准社会交往与媒介角色的感知和关注高度相关（Rubin, Perse, Powell, 1985），且这种交往持续得越久，这种关系就会越强烈（Rubin, McHugh, 1987）。

但是，随着社会化媒体的发展，受众对媒介角色（偶像）之间的准社会交往发生了结构上的改变，因为当受众得知并确实与媒介角色有某种特殊的联系时，受众对媒介角色的思考和感受会产生情感上的变化（Eyal and Cohen, 2006）。同时，社会化媒体也让媒介人物走出荧屏，向受众展示出一些日常生活的细节，让受众对媒介角色的准社会交往更加接近或类似于社会交往（Trammell, 2004）。这种结构的变化到底会使受众与媒介人物的关系产生怎样的变化呢？

在新的媒介技术颠覆并改变信息传播形态的同时，越来越多的关注媒介传播效果的研究者意识到，在探讨媒介传播效果时，以媒介内容或者受众作为研究对象，已经无法有效地预测传播效果，而媒介与受众的关系在预测传播效果时扮演着越来越重要的角色（Cho, Boster, 2005）。在描述媒介与受众关系的研究中，准社会交往无疑是一个非常重要的概念和理论视角。然而，由于准社会交往最初主要是用来描述传统大众媒介背景下，受众与媒介之间的交往关系，那么在社交媒体时代，尤其是在微博这样的社交平台上，受众与媒介之间的这种单向性的关系是否仍然存在呢？如果这种关系并没有因为媒介技术的发展而消失，基于社交网络的准社会交往又有怎样的特殊性呢？受众与媒介或媒介角色之间的准社会交往以及由此形成的准社会关系会给新媒体传播效果带来怎样的影响效应呢？这些都是本研究尝试探讨和研究的问题。

第二节 本研究的核心内容

本研究将以微博这一新媒体的社会平台为基础，构建微博的准社会交往理论结构、编制测量工具、分析微博准社会交往对象的特殊性以及微博准社会交往对微博舆论形成和发展的影响。

一、微博准社会交往的可能性及其特征

准社会交往研究结果发现，准社会交往现象可以发生在多种类型的媒介条件下，如电视、广播、浪漫小说甚至是剧院舞台。准社会交往从形式特征上看，是受众与媒介角色之间的一种单向性交往关系，从内容特征上看，是受众对媒介人物之间产生的多层面反应和联结状态，包括认知、情感和动机。那么在具有很强社交性的微博平台上，会存在准社会交往吗？如果存在微博准社会交往，那么其会具有怎样的特征呢？这是本研究首先要解决的一个基本理论问题。

二、基于关系属性的准社会交往及其测量

在准社会交往研究中，研究者对准社会交往的测量其实质是测量受众与媒介人物之间形成的准社会关系，而并非是受众对媒介人物的即时反应。从社会认知的观点来看，个体对其与媒介人物之间的关系

的感知本质上是受众对其与媒介角色形成的一种心理关系表征，或者也可以说是心理关系图式（mental relational schema）。而从现实情况来看，受众对媒介角色形成的心理反应及关系表征可能是积极的（如喜欢、认同或同质），也可能是消极的（厌恶、反对），尤其是在微博这样的社交平台上，现实情况更是如此。因此可以认为，受众对媒介角色形成的关系图式，既可能是积极的，也可能是消极的。从关系属性看准社会交往现象，就有可能存在两种不同属性的准社会交往，更确切地说是具有两种准社会关系，即积极准社会关系和消极准社会关系。以往研究所探讨的准社会关系多为积极的，而消极准社会关系常被忽视，本研究尝试从关系图式的视角来理解准社会交往关系，并从积极和消极两方面构建微博准社会交往的理论内涵，同时编制测量工具。

三、微博准社会交往对象的特征分析

大众传媒媒介中出现的准社会交往对象，如明星、主持人等往往经过精心的设计和准备，而且这些准社会交往对象的个人信息往往鲜为人知，受众除了通过大众媒介，很难有其他渠道去获取这些媒介角色的相关个人信息。然而在网络条件下，尤其是微博这样的社交平台中，受众关注的媒介角色也可能通过发微博参与互动，同时在微博中发布与自己相关的爱好及个人活动信息，这样的交往已经非常类似于现实的互动交往。那么在这样的条件下，什么样的微博对象更能够激发起受众的准社会交往反应并与之形成准社会关系呢？本研究将深入探讨这一个方面，并与大众媒介的准社会交往对象进行差异比较分

析，以探讨不同媒介条件下准社会交往的差异。

四、准社会交往对舆论形成的影响

以往准社会交往研究在探讨对传播效果的影响时，大多涉及对个体水平的影响。然而，在网络环境下，网民往往通过各种方式进入不同类型的网络社群并成为其中的一员，尤其是在准社会交往条件下形成各种各样的粉丝群。微博上的媒介角色，其所发布的信息及表达的观点，能够在短时间内得到大量粉丝的关注、转发以及支持。微博的媒介角色，经由准社会关系为纽带，对数量和规模都非常庞大的粉丝群的行为和观点存在相当的影响力，这种影响并不指向个体，而是个体间联系的组合，即群体。而对于群体水平的影响研究，这是过去的研究所忽视的。微博这一特殊社交平台的结构和组织，将给研究基于群体水平的准社会交往对传播效果影响提供可能的条件。本研究尝试将微博准社会交往引入舆论研究，探讨微博准社会交往对舆论形成与发展的影响效果。

第三节 研究价值与意义

一、理论意义

大众传播的效果研究是传播学的研究重点，是中外传播学者、社会学者、政治学者研究的核心问题，本研究的本质是从受众的角度探索大众传播媒介产生效果的心理基础和形成机制。在网络作为大众媒介的所有应用中，微博简单易用，互动性最强；对于普通人来说，微博的关注友人大多来自真实的生活圈子，用户的一言一行不但起到发泄感情，记录思想的作用，更重要的是维护了人际关系。探寻微博的准社会交往有助于我们从人际传播和大众传播的结合点研究传播效果。

二、现实意义

网络已经成为当今公众社会生活中不可缺少的信息工具，到2018年12月，我国网民数量已达8.29亿人[①]。在互动性最强的微博中，准社会交往非常普遍；然而准社会交往又受制于多维社会心理机制，如社会环境，受众的感知和倾向、参与的感觉（满足、移情等），媒介人物特征（前后一致性）等。本研究以微博准社会交往为对象，明确微博准社会交往的操作定义，编制测量微博准社会交往的量表，探讨微博准社会交往的主要特征及其对微博使用者的影响。本研究有以下两个现实意义：

一是服务受众参与传播。本项目以微博为对象，探讨微博准社会交往的成因和方式，有助于受众（包括名人、明星和普通人）更好地参与传播，更好地发挥大众媒体的作用，提高传播效果。

---

① 数据引自：中国互联网络信息中心（CNNIC）2018年12月28日发布的《中国互联网络发展状况统计报告》

二是指导舆论引导。本项目探讨微博平台中的准社会交往现象，研究如何通过媒介人物引导社会舆论，以缓解社会转型带来的大众身份焦虑和社会疏离感，实现自我和社会认同。这些研究将对满足青少年、弱势群体的社会心理需求，引导社会舆论，建设和谐社会具有指导意义。

第二章

国外准社会交往研究现状

本章将对国外准社会交往研究进行回顾，主要包括以下几个方面：一是准社会交往的概念发展，二是对准社会交往的测量，三是准社会交往对传播效果的影响，四是引起准社会交往的原因变量探讨。

第一节 准社会交往概念的提出及内涵发展

"准社会交往"是由霍顿和沃尔（1956）首次提出的，他们将其定义为媒介使用者和媒介角色之间形成的主观联系。媒介使用者和媒介角色之间的交往经常被定义为一种人际交往关系（Turner, 1993），是一种亲密的朋友般的关系（Perse, Rubin, 1989；Rubin, McHugh, 1987），是人们之间正常人际交往关系的另一种形式（Rubin, Perse & Powell, 1985），甚至是对他们形成依赖关系的一种利他需要。一些研究者认为，人类本身具有一种需要联系的内在需要，但这种需要不能在现实生活中得到满足（例如，因为他们具有社会焦虑，或他们没有可交往的人，也或者是由于某些原因他们不允许与别人交往），那么一些个体将会寻求与电视中的虚构角色或媒介人角色进行联系。尽管准社会交往研究的数量一直在增长，但还没有一个明确无争议的概念定义，不同的学者对准社会交往具有不同角度的理解，从已有的研究文献来看，分歧主要表现在以下几个方面。

一、准社会交往与准社会关系

准社会交往（PSI：parasocial interaction）和准社会关系（PSR：parasocial relationship）是两个很难严格区分的概念，许多文献中等同使用。在最早的文献中，就是用准社会关系来定义准社会交往。霍顿和沃尔（1956）在其论文中将观众和表演者之间好像面对面的关系直接定义为准社会关系；而准社会交往强调的是相互作用，表演者为适应观众的反应调整其表演越多，观众就会有更多的反应，这种交换意见的对话假象就是准社会交往。准社会交往和准社会关系其实是可以严格区分的，准社会交往是观众媒介消费时（during media consumption）对媒介人物的反应（Horton，Wohl，1956），而对媒介人物即时和更长时间的反应（more long - term responses）称为准社会关系（Horton and Strauss，1957）。使用与满足理论的研究者没有区分准社会交往和准社会关系，但偏向于准社会关系，如同媒介人物长期卷入（Rosengren et al.，1976；Rubin，Perse，Powell，1985），如电视观众和媒介人物单向的人际关系（Rubin，McHugh，1987；Grant，Guthrie，Ball - Rokeach，1991）。

施拉姆（Schramm）（2008）将准社会交往进一步分为准交流（paracommunication）和准社会进程（parasocial processing）。准交流是观众对媒介人物互动的主观感受，即在媒介消费时，观众认为媒介人物根据他们的反应而调整的行为。虽然观众清楚地知道，这种感觉是虚假的。准交流非常接近霍顿（Horton）和施特劳斯（Strauss）（1957）对准社会交往的表述，准社会交往类似于媒介人物调整其行为的过程，直接满足观众。准社会进程是媒介使用者对媒介人物的所有反应，无论媒介使用者是否感觉到媒介人物为他们调整行为。即便媒介使用者和媒介人物没有互动发生，媒介使用者也存在准社会进程。因此，准社会进程可以简单地认为是媒介使用者的个人感知过程，这一过程开始于对媒介人物的首次接触（或消费），进而发展成媒介使用者对媒介人物的认知、情感和行为反应，是人际卷入的一种类型（Rubin, Perse, Powell, 1985）。准社会进程可以定义为媒介使用者个体同媒介人物的自我心理交互作用，包括媒介消费当时和以后。准社会进程是准社会关系的另一种表达。

总结以上研究者对准社会交往和准社会关系的使用情况，有一点比较明确，即大家对准社会交往和准社会关系的争议主要在于与时间的关系或者说交往持久性关系。一些研究者认为无论对准社会交往还是准社会关系的发生，观众与媒介人物间的亲密关系，类似于正常社会人际交往关系，需要依靠持续的交往（Rubin, McHugh, 1987）。另一些研究者则认为准社会交往是发展准社会关系的条件，对于准社会交往的产生来说，媒介使用者不必经历与媒介人物长期的交互，甚至在多个偶然场合，其也会发生（Rubin, Perse, Powell, 1985）。这说明准社会交往和准社会关系,在事实上,其理论构想是不同的。

二、准社会交往与其他变量的关系

在现在的研究文献中,还存在另一个问题,即许多概念也常被用来描述和解释准社会交往过程,这些概念包括认同(identification, Cohen, 2001)、亲和力(affinity, Giles, 2002)、同质性(homophily, Lazarsfeld & Merton, 1954)、受众卷入(audience involvement, Sood, 2002)、吸引(absorption, Green & Brock, 2000)、移情(empathy, Slater & Rouner, 2002)。厘清这些概念与准社会交往间的联系与区别,可以帮助我们更好地理解准社会交往的内涵。

(一)认同

在理解准社会交往的概念中,认同是其中最重要的一个关联概念。认同指的是媒介使用者主观感知到媒介人物与他们自身的相似程度(Slater & Rouner, 2002)。在这一定义之下,认同存在两个维度有助于理解准社会交往。一是期望认同,即媒介使用者对媒介人物的渴望。根据吉尔斯(Giles)(2002)的定义,在个体认同形成中,如模仿另一个人的具体行为,期望认同是非常普遍的。另一种形式的认同叫相似性认同,主要是指媒介使用者会与媒介人物分享相同的观点或特质的程度。在准社会交往内产生相似认同,必须存在某种特质是媒介人物和受众两者共有(Giles, 2002)。

然而,一些研究者将准社会交往和认同进行区分(Cohen,

2001),认为这是两种不同的现象。他们认为,认同主要来自对媒介角色的心理依赖,媒介消费者想象自己是一个媒介角色参与媒介节目。相比之下,准社会交往只是媒介消费者和媒介人物之间的交往互动而已。因此,认同是个体把自己想象成某个角色,而不是在保持自己身份条件下与角色之间的交往。

尽管认同与准社会交往非常相似,但两者确实也存在一些差异;辨认两者间的关联,可以使我们加深对准社会交往的理解。

(二) 亲和力

亲和力似乎也与准社会交往存在关联。亲和力一般是指观众对媒介角色的喜爱(Giles,2002)。一些研究者认为亲和力可以成为对准社会交往测量的有效补充(Giles,2002;Rubin et al.,1985)。鲁宾(Rubin)和其同事在一项关于准社会交往和电视新闻收看的研究中发现,亲和力与准社会交往具有积极相关性。科恩(Cohen)(2001)认为,亲和力和认同是不同的,亲和力的产生是在个体具有自我意识的前提下,对媒介角色或情境进行的价值或比较判断。认同是不允许具有自我意识。对媒介角色的喜欢,它要求个体具有自我意识或保持自我的身份,一般情况下,其会提高与媒介角色主观感知到的亲密程度,这可能会引起观众和角色之间的准社会交往。

(三) 同质性

同质性一般用于描述个体主观感知到与其他人的相似性或异质性。有研究发现,同质性是准社会关系强度的一个显著的预测指标,而这种关系是根据双方拥有共享特质的相似性为基础的（Turner, 1993）。由于同质性一般主要是指媒介使用者和媒介角色或人物两者间的相似性，但目前还无法理解同质性是如何与认同进行区分的，尤其是与相似性认同，又是如何区分的。基于对认同定义的不一致，一些研究认为同质性与准社会交往相关，而其他研究者则认为不相关。

（四）受众卷入

另一个与准社会交往相关的概念是受众卷入。在对娱乐教育研究的综述中，斯莱特（Slater）和鲁纳（Rouner）（2002）指出，依据媒介影响受众的能力，对媒介角色认同的重要性可能及不上受众对媒介角色或媒介节目产生的情绪性卷入程度。但也有一些媒介研究者将受众卷入理解为与准社会交往相同（e.g. Perse, 1990; Rubin, Perse, 1987）。

在探讨娱乐教育节目的媒介效果中，索德（Sood）（2002）将受众卷入定义为"受众对某个媒介节目进行的反思程度，也就是与媒介节目的准社会交往"。此外，索德（2002）区分了受众卷入的两个子维度，即参照情感和重要性认知。参照情感卷入是指对于他们所喜爱的媒介角色，他们体验到的感觉以及他们对媒介的认同，参照情感卷入与准社会交往的产生相关。重要性认知卷入是指受众将在多大程度上关注媒介内容以及对媒介内容提出批评和建议。对媒介人物或媒介角色的高卷入会提高对受众的说服效果。然而这方面的研究中，对产生卷入的条件，尤其是那些影响准社会交往产生的条件并不明确。

（五）专注

专注（Green，Brock，2000）一般是指一种内在的心理约定，尤其是在叙事性节目语境中，非常类似于索德（2002）所提出的受众卷入的概念。在媒介节目中，受众会投入认知和情感（Slater & Rouner，2002）。专注不同于受众卷入具有类似的地方，而且与认同也存在一定的相关性，可以预测受众对媒介内容的反应。专注的受众，一般会对他们所看到的内容，会产生与节目一致的情绪反应或者一种替代性的体验。因此，如果媒介使用者专注于某个媒介节目，他们就有可能会与媒介角色进行准社会交往，因为他们已经在情感上体验了角色所体验的情感。

那么专注是如何与准社会交往相关的呢？斯莱特和鲁纳（2002）认为，认同是专注的一种可能结果，这一结果反过来会产生与媒介角色在认知和情感上的交往（如准社会交往）。然而，科恩（2001）并不认可这样的解释，他认为认同和准社会交往是不同的现象。认同是瞬间产生的，其要求个体放弃个体身份，并假想另一个人的身份，而准社会交往要求一个人保留他或她的自己的身份或者说某种社会距离，这样才可以产生与角色的交往。

（六）移情

移情是与探讨受众如何应对媒介内容的另一个重要概念。根据坎贝尔（Campbell）和巴布罗（Babrow）（2004）的研究，当一个人与另一个人分享主观体验时，移情就会产生。移情不像其他情绪（如同情或悲伤），他要求与另一个人情境具有深度的关联感。在他们对叙事性节目的说服研究中，斯莱特和鲁纳（2002）研究发现，认同可能不足以解释媒介内容的说服效果。另一方面，在受众应对他们高度卷入的叙事性节目中的媒介角色时，研究发现移情在其中扮演着重要的中介作用。对媒介内容或角色的高度卷入有可能激发媒介使用者的情绪反应（如对角色产生移情），这一情绪反应可以说明媒介使用者是如何与媒介角色产生情感交往的。

三、总结

在上述概念中，一些概念（如亲和力，同质性，移情）等比其他概念（如受众卷入，专注等）更具有情感导向。情感反应，在某种程度上可能是产生准社会交往的一个前提条件。换句话说，当一个观众喜欢某个角色，或与某个角色发生情感上的联系，他或她将更有可能进行准社会交往。

另外，卷入和专注也有可能引起准社会交往。因为观众在收看节目时，无论他对角色或媒介的感受是什么，只要仍然具有保持卷入的动机，那么就有可能产生准社会交往。

因此，关注动机以及情感反应有可能是同时作为产生准社会交往的前提条件。如果观众专注于节目，他或她就有可能继续交往，因此卷入或专注有可能会提高对媒介角色的移情、同质性和亲和性。我们可以用图2.1来展示这些概念之间的关联性。

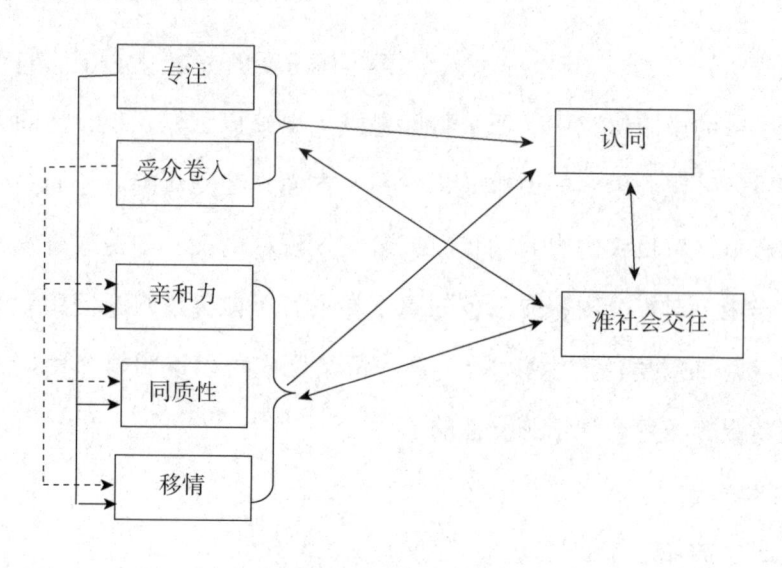

图 2.1　准社会交往与其他相关变量关联性示意图①

第二节　准社会交往的测量

在准社会交往的研究文献中，对准社会交往理论结构的探讨以及开发相关的测量工具一直是研究的重点内容之一。在准社会交往测量工具编制和研究中，研究者主要参照以下三种思路进行量表开发，即准社会交往测量的是准社会关系还是准社会交往进程，准社会交往量表是单维的还是多维的，准社会交往量表应该是单一的还是综合的。

---

① 示意图中，单向箭头表示两变量间存在影响关系，双向箭头表示两变量间存在关联性，而不是影响关系。

一、关系 VS 进程

大多研究者开发的准社会交往测量工具,其实质在于测量准社会关系。绝大多数量表均采用利克特量表形式,这一特定形式限制了研究者对观众观看节目时即刻的心理反应的测量,其所测量的内容只能是准社会关系。

首个准社会交往量表来自利维(Levy)(1979)的一项调查研究,其编制了7个题目的调查表,以240人为对象,研究结果发现,社会交往机会越多(测量群集度、是否单独看新闻),准社会交往就越少。但该研究没有进行效度检验,信度也较低(alpha = 0.68)。

霍尔伯格(Houlberg)(1984)通过焦点小组访谈和电话调查了哥伦布市的258位成年观众,考察其对电视新闻主持人的准社会交往。通过因子分析,其将18个变量归纳为准社会交往、专业、身体三个因素,其中准社会交往5个变量的特征根为4.8,贡献率为26.7%。

鲁宾(1987)对准社会交往进行了长期的实证研究,是准社会交往实证研究的关键性人物,其主要贡献是准社会交往量表的研制和测量。他所编制的量表(Rubin,1987)被后来的研究者广泛应用。鲁宾(Rubin)和珀斯(Perse)、鲍威尔(Powell)(1985)采用问卷,对390人的准社会交往进行调查,使用因子分析将29个变量减少到20个,有0.93的信度,贡献率为45.7%。结果表明,准社会交往同孤单和寂寞不存在正相关(r = -0.09,p = 0.13),但跟受众对电视的信任、观看目的、节目的吸引力和观看时间呈正相关。鲁宾(Rubin)

和麦克修（McHugh）（1987）采用同样的方法，调查了303人，通过路径分析，将变量减少到10个，信度仍有0.88，同原量表的相关系数高达0.96，达到极显著相关。该研究还表明，电视节目的社会关注度和节目的吸引力同准社会交往相关。

奥特（Auter）和帕姆格林（Palmgreen）（1991）在美国南部的一个大学，通过4个开放式问题，调查54名大学生，确立了47个陈述。然后在同一所大学，让417名大学生看一集《风云儿女》（Murphy Brown）后完成问卷。奥特和帕姆格林（2000）对他们所编制的受众与媒介人物交互作用量表（APS：Audience Persona Interaction Scale）进行修订，原量表共包括有47项陈述。使用417个大学生数据的主成分分析发现，准社会交往表现在四个方面（22项陈述），即对电视人物的认同（6项陈述）、对电视人物的兴趣（6项陈述）、团体认同或互动（6项陈述）、电视人物的问题解决能力（4项陈述）。这22项陈述可解释总变量的49.4%。为进一步测量信度和效度，研究者又调查了247名15~19岁的高中生，22项陈述的信度是0.84。两个（大学生和高中生）样本的研究显示，22项陈述的API量表及其四个主成分同看电视的时间、电视的吸引力和电视对现实的代表等都具有正相关，证明APS量表具有相当的效度。尽管奥特和帕姆格林（2000）编制的量表中的两个缩写词，"FAV"的意思为"在刚看过的节目中我喜欢的角色"（My favorite character from the show I just watched），"CHARS"意为"我刚看过的节目中的角色"（The characters from the show I just watched），但看节目已经是完成时，而不是进行时。

随着网络的普及，测量可以在线进行。同现场调查相比，在线调查填写问卷与看完电视之间的时间间隔更久。施拉姆（Schramm）和哈特曼（Hartmann）（2008）在德国和瑞士在线调查237人。具体方式是进入链接后，首先从9种电视节目类型选择一种，要求被试在几天内观看一期所选类型的节目；观看后被试收到提醒邮件，并提供问卷的链接，看完电视后填写问卷。有价值的是问卷要求被试填写看了多少时间的电视，填问卷与看完电视之间的时间间隔。结果是被试平均看电视41分钟，66分钟后在线填写问卷（Schramm, Hartmann, 2008）。

由于测量的是准社会关系，没有时效的要求，研究设计可以不考虑时间。施拉姆（Schramm）和沃思（Wirth）（2010）设计了三个实验来测试准社会交往进程量表的有效性，分别是剧场、在线和实验室，都是要求被试在观看后填写问卷。第一个是剧院的非大众媒介虚拟人物，莎士比亚的《伯里克利》（Pericles），在13场演出结束后分别调查了236名观众。第二个是大众媒介（肥皂剧）的虚拟人物，要求被试观看两个德国的日间肥皂剧（《Good Times, Bad Times》或者《Among Us》）的一集，在家中观看后在线完成问卷。第三个是大众媒介的非虚拟人物（游戏竞猜节目），61名瑞士公立大学的学生，3~5人一个小组，每看一集填一次量表，观看四集澳大利亚版（确保学生没有看过）的《谁想成为百万富翁》（Who Wants to Be a Millionaire），然后填写问卷。

根据个人感知的二重过程模型（Brewer, 1988; Fiske, Neuberg, 1990），哈特曼和施拉姆等人（2004）提出两阶段的准社会交往模型（Two-Level Model of PSI）。低层次准社会交往（low level PSI）是高度自动的、无意识、程式化、启发式的（highly automatic, spontaneous, stereotype-based, heuristic）准社会交往，而高层次准社会交往（high level PSI）是有目的的、精致的、个性化（a more motivated, elaborate, and individuating）的准社会交往（Schramm, Wirth, 2010）。低层次准社会交往可以简单地理解为准社会交往，而将高层次准社会交往理解为准社会关系。两层次模型是准社会交往强度的两极，低层次准社会交往的强度低，媒介使用者没有投入主要的认知资源、情感能量和行为活力给媒介人物，而高层次准社会交往的强度高。

二、多维 VS 单维

在已有的准社会关系测量中，有单维量表和多维量表之分。鲁宾等人（1985）编制出29个陈述的准社会关系量表，对390人进行调查，使用因子分析将陈述由29个减少到20个，克伦巴赫（Cronbach）信度系数高达0.93，贡献率为45.7%。鲁宾等人（1987）采用同样的方法，调查了303人，通过路径分析，将变量减少到10个，信度仍有0.88，同原量表的相关系数高达0.96，达到极显著相关。

虽然以后的不少量表都有鲁宾量表的影子，但不少人认为此量表是单维度的，没有满足霍顿和沃尔（1956）提出的准社会交往的其他方面。有学者认为准社会关系是三维的，从媒介接触时的移情和卷入，产生接触后的情感关系，形成期望和选择的过程（Gleich, 1997）。有学者认为准社会关系是五维的，包括态度互动、认知互动、行为互动、相关性参与（Referential Involvement）和批评性参与（Critical Involvement)(Sood, 2000)。

在多维度量表的研究中，有两项研究特别值得一提。一是奥特和帕姆格林（2000）编制的四维受众与媒介人物交往量表（APS：Audience Persona Interaction Scale），对该量表的内容及相关的因子分析结果参见表2.1和表2.2。四个维度分别是角色认同（Identification with Favorite Character）6个陈述、对角色的兴趣（Interest in Favorite Character）6个陈述（表2.1中的7～12号陈述）、群体认同（Group Identification/Interact）6个陈述（表2.1中的13～18号陈述）、角色解决问题的能力（Favorite Character Problem Solving Ability）4个陈述（表2.1中的19～22号陈述）。另一项是Schramm和Hartmann（2008）编制的准社会交往进程量表（PSI-Process Scales），包括14个子量表，其中认知、情感和行为三个维度分别有6、5、3个子量表，情感维度下反感（antipathy）和反向移情（counter empathy）是负向的准社会交往。该模型认为，12个（不包括反感和反向移情）子量表测量的是12种不同的准社会交往进程。这12个进程从理论上讲是分开发生的。

表2.1　Auter（2000）准社会交往量表的各项目内容[①]

项目序号	对喜欢的媒介人物的看法
1	我喜欢的媒介人物让我想到我自己。
2	我具有与我喜欢的媒介人物相同的特质。
3	我似乎具有与我喜欢的媒介人物相同的信念或态度。
4	我具有与我喜欢的媒介人物相同的问题。

---

① 该量表是根据Auter（2000）等人的英文版量表翻译过来。

续表

项目序号	对喜欢的媒介人物的看法
5	我会把自己想象成我喜欢的媒介人物。
6	我能认同我喜欢的媒介人物。
7	我想与我喜欢的媒介人物见面。
8	我希望能在另外的节目中看到我喜欢的媒介人物。
9	我喜欢去猜测我喜欢的媒介人物将会做些什么。
10	我希望我喜欢的媒介人物能够达成其目标。
11	我很在意我喜欢的媒介人物身上发生的一切。
12	我喜欢听到我喜欢的媒介人物的声音。
13	与我喜欢的媒介人物的交往就像我同朋友的交往。
14	与我喜欢的媒介人物的交往就像是我同家人的交往。
15	我的朋友与我喜欢的媒介人物相象。
16	我喜欢同朋友交流我喜欢的媒介人物。
17	使用媒介时,我会融入情节中,成为其中的一员。
18	我可以感受到我喜欢的媒介人物的态度。
19	我希望能够与我喜欢的媒介人物一样好地解决问题。
20	我喜欢我喜欢的媒介人物解决问题的方式。
21	我希望变得更像我喜欢的媒介人物。
22	我经常与我喜欢的媒介人物具有相同的看法。

在多维度测量方面,尽管学者们所采用的维度不同,但通过对维度以及陈述进行分析后,我们总结出两个特征:

首先,所有的维度都可以归结为认知、态度、行为三个。格莱希(Gleich)(1997)所提出的从媒介接触时的移情和卷入,产生接触后的情感关系,形成期望和选择的过程,同认知、态度、行为基本对应。索德等(2000)的五维度中的相关性参与和关键性参与,本质上就是行为。施拉姆等人（2008）的准社会交往进程量表中的认知、情感和行为，仅用词不同，用情感代替态度，但情感与态度的内容基本一致。奥特等人（2000）提出的受众与媒介人物交往量表，角色认同与认知基本对应，认知是认同的基础，认同是体验到认知中相同或相似；对角色的兴趣对应于态度。群体认同中的13～15号"与我喜欢的媒介人物的交往就像我同朋友的交往""与我喜欢的媒介人物的交往就像是我同家人的交往""我的朋友与我喜欢的媒介人物相像"，17～18号"使用媒介时，我会融入情节中，成为其中的一员""我可以感受到我喜欢的媒介人物的态度"等五个陈述可以归入态度中；而16号陈述"我喜欢同朋友交流我喜欢的媒介人物"则是行为。角色解决问题的能力有四个陈述，其中19号"我希望能够与我喜欢的媒介人物一样好地解决问题"、22号"我经常与我喜欢的媒介人物具有相同的看法"这两个陈述可归入角色认同；而20～21号陈述"我喜欢我喜欢的媒介人物解决问题的方式""我希望变得更像我喜欢的媒介人物"可以归入行为中。这种归并得到了我们调查数据的实证。

为了验证这一想法，2011年12月葛进平等人使用奥特（2000）的受众与媒介人物交往量表，在杭州某高校内调查了240名2011级的大学生，有效数据213份，其中男女生分别为28.3%、71.7%。调查发现，量表的克伦巴赫信度系数为0.86，达到较高水平。在因子分析中KMO统计量为0.82，巴特莱检验（Bartlett's Test）达到极显著，说明22个陈述之间相关，且相关程度没有大的差异，适合做因子分析。按照奥特的分析方法，运用主成分（Principle Component）及最大方差正交旋转法（Varimax）对数据进行探索性因子分析，旋转后提取出6

个特征值大于 1 的因子，累计解释方差变动为 60.9%。虽然总体效果不错，但不是 4 个因子。若在 SPSS 中设置提出 4 个因子，旋转后提取出 4 个特征值大于 1 的因子，累计解释方差变动为 51.45%，效果也不理想。表 2.2 为葛进平等人对奥特（2000）量表的检验分析比较结果。表 2.2 中的陈述号与表 2.1 中具体陈述对应，可以发现：因子 1、3、6 大多是态度层面的陈述，因子 2 和 6 主要是认知层面的陈述，而因子 4 可以认为是接近行为层面的陈述。也有学者认为，奥特四维度量表的 22 个陈述与鲁宾等人（1985）量表的 20 个陈述基本雷同（包敦安，董大海，2010）。

表 2.2 对 Auter 量表因子分析检验的结果对比表

因子序号	六因子（检验结果）	四因子（Auter 量表原分析结果）
因子 1	6 个：7、8、10~12、16	8 个：7~12、16、17
因子 2	5 个：1~4、22	5 个：1、2、4、5、22
因子 3	3 个：13、14、15	3 个：13、14、15
因子 4	3 个：6、20、21	6 个：3、6、18~21
因子 5	2 个：18、19	
因子 6	3 个：5、9、17	

第二个特征是所有维度表现出线性特征，即沿认知、态度、行为发展，逐步加强。因此认知关系、态度关系和行为关系不是认识准社会关系的三个维度或三个方面，而是测量准社会关系的三个层次，代表准社会关系由弱到强的不同阶段。

这种线性特征在鲁宾等人（1985）编制量表时就有体现。他们认为测量的准社会关系本质上是观众对媒介人物的卷入，分为相互作用、认同、长期认同等三个相关的过程（Rubin et al.，1985）。准社会关系卷入包括寻找节目、视媒介人物为朋友、想象成为喜爱节目社会环境的一部分、渴望见到表演者等多种形式。两年后，鲁宾等人（1987）进一步认为，准社会关系包含态度互动（Affetive Interaction）、认知互动（Cognitive Interaction）和行为互动（Behavioral Interaction）三方面内容。态度互动是受众感知媒体角色与现实朋友的相似程度；认知互动是受众对媒体角色及其信息的关注程度；行为互动是受众彼此之间谈论媒体中的信息及角色的程度（Cohen，2001）。

三、单一 VS 综合

随着社会发展和科技进步，人们更加不可能逃避大众媒介的影响。准社会关系是大众媒介对受众产生影响的基础。开发出一个综合的量表，能测量所有人，对电影、电视、广播、报纸、网络等所有媒介形式中的主持人、演员、嘉宾、角色等所有媒介人物的准社会关系，是学者努力的方向。

对准社会关系进行直接的实证研究始于1979年，利维（1979）通过定性研究编制了第一个量表，该量表只有4个陈述，分别是"新闻播音员就像每天相见的朋友"，"我喜欢在房间中听到新闻播音员的声音"，"对主持人说'晚安''欢迎明天收看'有反馈"，"关注喜爱主持人的休假"。这对后来的准社会关系量表编制产生了重要影响，即播音员和主持人成为准社会关系测量最重要的研究对象（Houlberg，1984；Rubin，1994；Kathleen，2006）。

虽然鲁宾编制的量表（1985、1987、1994、2003）研究的对象是播音员和主持人，但对其量表做简单的修改，就能测量其他的媒介人物。奥特等人的往量表（2000）以电视情景喜剧为研究对象，也可修改成为针对其他的节目类型。

鲁宾（1994）编制了测量受众对本地新闻主播准社会交往的量表，由 20 个陈述组成。刘于思（2009）等人翻译此量表时，使用"社交网站上的明星"代替"本地新闻主播"，就将原量表的电视收看情境改为社交网站明星页面访问情境。2009 年 8 月 21 日至 9 月 3 日间，在调查网站"问卷星"（http://www.sojump.com）发布问卷，首先判断开心网和人人网用户是否与该社交网站入驻的媒介名人成为好友，随后随机向已成为媒介名人好友的用户发送站内信件，邀请其填答问卷，共发放邀请邮件 2817 份，回收有效问卷 318 份，其中开心网 158 份，人人网 160 份。研究认为在社交网站上成为媒介名人好友的用户普遍具有较高的网络和社交网站日常使用频率，而且工具性媒介使用（准社会交往使用）依然比仪式性媒介使用（日常使用）更能预测社交网站用户的准社会交往程度。

同样，奥特量表（2000）也被用于网络。2011 年 1 月普罗文扎诺（Provenzano）研究准社会交往与个人的不确定性（uncertainty）和需求导向（need for orientation）的关系，调查了美国纽约州罗彻斯特理工学院（Rochester Institute of Technology，RIT）的 104 名大学生，准社会关系的测量使用奥特量表（2000）的 19 个陈述，仅将"FAV"和"CHARS"换成了喜欢的媒介人物"FMF"（favorite media figure）。

在综合量表的编制领域，哈特曼和施拉姆等人做了开创性工作。

根据两层次准社会交往模型，使准社会交往的概念操作化为准社会进程（Hartmann，Schramm，Klimmt，2004）。准社会交往进程量表能测量电视观众对喜欢或不喜欢的媒介人物的准社会交往的程度，适用于所有类型的电视节目和电视人物（演员、主持人、运动员等），在看完电视后即刻测量。该量表是5级李克特量表（1 = not at all，5 = very much），每个子量表由4个正向陈述和4个逆向陈述构成，14个子量表共有112个陈述。另有一个陈述作为过滤变量。该陈述为"请您给节目中的人物是否让人感觉舒服打分"（1 = 非常不舒服、6 = 非常舒服），若被试为正面反应（4~6），使用"好感"和"移情"子量表；若被试为负面反应（1~3），则使用"厌恶"和"相反感情移入"子量表。

哈特曼和施拉姆（2008）使用准社会交往进程量表，在德国和瑞士在线调查237人，其中女139、男98，年龄从14~72岁、平均30岁、标准差11岁，193人具有高中或大学学历、44人没有高中学历。该量表中的认知和行为陈述按随机的排列，之后是过滤陈述，然后是情感陈述。完成负向和正向测验的被试分别为63个、174人，完成问卷的平均时间是18.5分钟。14个子量表通过内在一致性、陈述与子量表的相关系数、陈述的难度系数等三个指标优化，厌恶、移情、相反感情移入、非语言行为、语言行为子量表分别保留5、7、5、4、4个陈述。通过计算14个子量表与媒介人物的特性之间的相关性，考察量表的效度。根据两层次模型，任意层次的准社会交往增加，认知、情感、行为的准社会交往反应也会增加，因此以认知、情感、行为的最高值作为准社会交往的指标。

施拉姆和沃思（2010）又进行了三个实验，验证了准社会交往进程量表之于不同媒介环境节目和不同人物的有效性。第一个是剧院，13场演出结束后分别调查了236名观众，媒介人物是虚拟人物，莎士比亚的《伯里克利》（Pericles）。问卷有四个版本，调查4个主要角色，具体不同的出场时间和舞台地位（persistence and obtrusiveness）；准社会交往进程量表有6个认知、5个情感、2个行为子量表组成，共30个陈述。第二个是电视肥皂剧的虚拟人物。被试在家中观看两个德国的日间肥皂剧（Good Times, Bad Times）或者（Among Us）的一集，然后在线完成问卷，192人随机分配对四个主要角色（喜欢的男主角、不喜欢的男主角、喜欢的女主角、不喜欢的女主角）进行调查。准社会交往进程的测量使用4个认知、4个情感、2个行为子量表，共44个陈述。第三是电视游戏竞猜节目的真实人物，61名（31名女性，30名男性）瑞士公立大学的学生观看四集《谁想成为百万富翁》（Who Wants to Be a Millionaire）的澳大利亚版（以确保学生没有看过）。分小组观看，3~5人一个小组，每看一集填一次量表；为防止顺序效应，每个小组四集的放映次序不同。四集节目的游戏参与者分别是有吸引力的男士、没有吸引力的男士、有吸引力的女士、没有吸引力的女士，准社会交往进程的测量使用4个认知、5个情感、1个行为意图子量表，共40个陈述。

哈特曼和施拉姆研制的量表有两方面的问题值得商榷。首先是陈述太多，经过优化后有14个子量表，99个陈述，经过过滤变量的选择，仍然有12个子量表，正向准社会关系有89个陈述，负向准社会关系有82个陈述。如此多的陈述，极大地增加了调查的难度，影响到调查的准确性。施拉姆和沃思的三个实验中，最多的陈述也只有44个。这就带来了第二个问题，实际应用中必须重构量表。虽然在文章中，没有给出三个研究的具体陈述，但可以推断是复杂的陈述重构，而不是简单子量表重构。如第三研究，若是子量表重构，应有77个陈述。所以从本质上看，哈特曼和施拉姆提供了99个陈述，分14组，使用时研究者必须重新组装。

四、总结

综上所述，我们可以形成了三个观点。

首先，虽然在许多文章中混用准社会交往和准社会关系，但严格讲准社会交往是受众在媒介消费时（during media consumption）对媒介人物的反应，而准社会关系是受众在媒介消费时和更长时间（more long-term responses）对媒介人物的反应。目前所有准社会交往的测量量表，测量的均为准社会关系。

其次，准社会关系的测量包含认知、态度、行为三个层次，且是线性的，由弱到强逐步发展。准社会关系的发展同消费心理学AIDA（"爱达"）模式类似，媒介人物必须吸引受众的注意（Attention），并使其产生兴趣（Interest），进一步诱发欲望（Desire），最后采取行为（Action）。"注意"是认知的准社会关系，"兴趣"和"欲望"是态度层次的准社会关系。

最后，能够编制适合所有媒介环境、所有节目类型、所有媒介人物的测量量表，且进行了开创性的工作。

基于以上三点，我们认为除了李克特量表，也应该使用哥特曼量表（Guttman Scale）来测量准社会关系。被称为"强度分析法"的哥特曼量表，是为了检验测量表中一系列陈述是否由一种单维的技术产生的。按照被访问者的态度强弱程度来排列各种说法，因此，如果被访问者同意某种说法，也有可能同意该说法之前（或之后）的说法，从理论上讲，被访问者的答案应呈金字塔型。虽然编制哥特曼量表的难度大，但哥特曼量表在国外的使用越来越多（Babbie，2007）。

第三节　准社会交往对传播效果的影响

准社会交往研究者更加感兴趣的是，基于媒介受众与媒介角色之间的关系，准社会交往会对传播效果产生何种影响。研究发现准社会交往对传播效果的影响非常广泛，包括对健康传播的影响、对受众关注点的影响、对减少社会偏见的影响，其甚至能够提升人际交往水平以及增强对受众的说服效果等。

首先，准社会交往对健康传播的影响。布朗（Brown）和巴西尔（Basil）（1995）在魔术师约翰逊公开披露其艾滋病毒感染的10天之后，调查大学男生对约翰逊的了解程度，与约翰逊的准社会交往，媒介接触以及他们对 AIDS 风险感知及相关行为。研究结果发现，对约翰逊的了解程度及其 HIV 状态并没有改变大学男生减少高风险性行为的意向；但是准社会交往以及对约翰逊的认同，提高了大学男生对 AIDS 的关注。

其次，准社会交往对受众关注事件的影响。布朗、巴西尔和博卡雷纳（Bocarena）（2003）研究发现，与棒球手马克·麦奎尔（Mark McGwire）的准社会交往会影响到人们对虐待儿童和雄烯二酮（rostendione，一种用于增加肌肉的药物）的知识、态度和行为意向；他们还发现，与戴安娜王妃的准社会关系能够预测受众对媒介的态度以及媒介消费行为，对戴安娜具有高准社会交往的人，会表达出对媒介消极的态度，且会更加主动地搜索更多关于她的媒介报道。

再者，准社会交往对减少社会偏见的影响。希帕（Shiappa）、格雷格（Gregg）和休斯（Hewes）（2005）提出了准社会接触假设（parasocial contact hypothesis）。根据准社会接触假设，和某个少数群体成员的积极准社会交往，会提高对该角色的积极情感，这些对个体的积极态度随后会转变成对个体所属群体其他成员的积极情感，从而最终导致减少对该少数群体的偏见。对这一理论进行的两个实验结果发现，对电视节目《粉雄救兵》（*Queer Eye for the Straight Guy*）中同性恋角色的准社会交往，会减少对男同性恋者的偏见。

此外，准社会交往还具有说服效果。鲁宾和什捷普（Step）（2000）研究发现与广播脱口秀主持人的准社会交往会导致态度和行为的改变。研究检验了动机、人际吸引及准社会交往对收听公众广播的影响，分析结果发现准社会交往与经常收听和有意收听相关；另外，与主持人产生准社会交往的听众会把主持人视为一个信息可信的来源；而认为主持人可信的观念反过来会使媒介角色对听众收听和行为产生影响效果。因此他们得出结论，准社会交往的结果可以提高可信度，也会提高对媒介角色的收听行为。因此，媒介角色之所以具有影

31

响效力的主要原因可能是听众和观众认为他们更可信。

最后,准社会交往能够扩大人际传播并进而提升集体效能。准社会交往另一个效果是将节目和观众准社会卷入的角色向其他人进行人际传播。对一档印度广播戏剧《丁卡,丁卡,苏克》(Tinka Tinka Sukh)开展的两项研究,结果发现和节目中角色的准社会交往会引起交谈(Papa et al., 2000; Sood, 2002)。根据这些研究,准社会交往本身并不会引起行为改变,但是经由交谈,会间接影响受众。例如,帕帕(Papa)等人(2000)研究发现,准社会交往首先引起受众认真思考问题,进而引起观众与其他人一起讨论节目及节目中的角色,而关于这些问题的讨论创造了一个社会学习的环境,因而导致行为产生改变。

此外,人际传播会进一步提升集体效能。因为当他们在讨论这一问题时,整个社群会感到他们将有能力通过行动改变。人际传播同时也有助于提高个体的自我效能,因为个人也会觉得他们能够模仿节目中的角色的行为。因此,环境变化使个体变化具有可能性。这些研究表明准社会交往在传播过程中具有催化剂的功能,它通过改变社会观念和规范,进而实现对个体的改变。

综上所述,准社会交往与一系列结果相关,包括对风险的感知、信任、少数群体偏见,以及提升人际传播和集体效能等。准社会交往的结果一般都是积极的。目前研究文献中还没有提出一些潜在的关于准社会交往的消极后果。但是当一个明星从事或支持一些危险的不健康的行为,会发生什么后果呢?更多的研究也需要去关注对明星或媒介角色的准社会交往引发的消极后果。

第四节　引起准社会交往的原因变量

准社会交往研究中一个重要部分在于研究哪些是引起准社会交往的原因变量，它们一般是准社会交往形成的必要条件。从已有的研究文献来看，已经探讨的因素包括孤独、吸引，观看时长以及个体对媒介的使用等，这些因素在特定条件下，对准社会交往的引发和形成均具有一定的作用。

一、孤独（loneliness）

孤独是准社会交往研究中探讨最多的影响变量（Tsao，1996）。根据这些研究，发展准社会关系的人主要是为了弥补他们在现实社会生活中的关系缺失。这些个体往往在形成和维持人际关系方面具有困难，但他们在单向性的准社会关系中会感觉更好。因为，在准社会交往情境中，这些个体并不必担心到他们不安，因为情感的互惠主义在这一情境并不是必需的。那些他们以前从未遇到过的个体，永远不会伤害到他们。虽然这些推断看起来合情合理，但没有太多地得到经验数据的支持。鲁宾（1985）推测，当个体获得的现实交往少于他感觉想要的数量时，那么个体可能会感到孤独，然而研究结果发现孤独和准社会交往没有关系。一些研究者认为当他们感到孤独时，个体有可能会求助于电视，但这不一定会导致准社会交往。乔里·阿萨德

（Chory-Assad）和亚南（Yanen）（2005）探讨了老年人的无助与孤独，发现这些因素与准社会交往存在关联性。他们预测老年人如果与电视中的人物进行替代性交往，那么他们就不会感到孤独。研究结果显示，孤独可以预测老年人对角色的期望认同，但并不能预测与角色的准社会交往。

另一方面，也有研究发现准社会关系更多的是对社会关系的一种有效促进，而不是对社会关系的一种缺失弥补（Tsao，1996）。曹（Tsao）采用霍顿和沃尔（1956）对准社会交往的初始定义，并将其分解为对准社会关系形成两种解释。第一个解释是他称之为缺陷范式。这一范式相似于其他一些研究，他们认为准社会关系源自一种存在缺陷的社交网络。个体形成准社会关系，可以作为对人际交往关系的一种功能代替方式。另一个解释可以称之为通用范式。从这个观点来看，准社会关系对于任何一个个体来说都是一种吸引人的选择。无论他们身处的社会环境有多发达，准社会关系仍对所有个体具有吸引力。基于一些有利于或会阻碍人际关系的人际交往特质（例如，移情、外倾-内倾和神经质），曹（1996）的研究结果发现，基于观看水平，缺陷范式得到支持。孤独的个体更倾向于求助于电视。然而，当考虑到准社会交往时，曹的研究发现了对通用范式的支持，研究结果发现高外倾、高移情和低神经质（这些特质均有利于人际交往）将有助于形成准社会交往。因此，他的研究得到如下结论：对人际交往关系有利的人格特质将有助于形成准社会关系。

二、吸引（Attraction）

一些研究者在探讨是什么引发个体会与某个特定的角色形成关系时，认为吸引和相似性是其中一个重要原因（Turner，1993）。纽科姆（Newcomb）（1956）认为在解释人们受吸引时，可以认为这两个人之间存在态度上的相似性。人们一般都会期望，无论是他们现实社交网络中的还是电视中的他人，只要和他们相似，他们都会提供回馈性的交往，这正是产生吸引的原因。基于这样的解释方式，鲁宾和麦克修（1987）进一步认为，这种吸引（源于态度的相似性）将引起与角色之间的准社会交往。

为了检验对不同角色的吸引，一些研究者探讨了吸引的三个维度，即身体的、任务的和社会的。麦克罗斯基（McCroskey）和麦凯恩（McCain）（1974）对三种类型的吸引进行分类：一是身体吸引，主要是指个体外部特征的吸引程度；二是社会吸引，主要是指某个体受人喜爱的程度；三是任务吸引，主要指任务对个体的吸引程度。鲁宾和麦克修（1987）预测三类吸引都将与准社会交往存在正相关。他们的研究结果支持了对三类吸引的假设，但同时也发现任务吸引、社会吸引与准社会交往之间关联程度最高。这一结果说明，角色外部特征的吸引并不是必要条件。另外，霍夫纳（Hoffner）（1996）运用访谈法调查儿童所喜欢的电视角色。对于男孩和女孩，他们具有一个共同反应偏好，即他们都会因为被角色吸引（在本研究中为外部特征吸引）产生准社会交往。而特纳（Turner）（1993）在他的研究中发现，与媒介角色的态度相似对准社会交往的影响最大。特纳的研究结果与鲁宾和麦克修（1987）是一致的，身体特征的相似性并不是角色吸引观众的原因，真正的原因在于他们把这些角色看成是现实中的个体，因为他们在态度上具有相似性。

三、收看时长（Viewing Time）

由于准社会关系的形成需要一定的持久性，因此研究者认为，收看时长是引起准社会交往并形成准社会关系的前提条件。但研究者对时间的界定有两种不同方式。较为常见的一种方式认为时间就是个体收看他们所关注的角色的时长（Perse, Rubin, 1989; Turner, 1993）；第二种方式认为，时间是指每周电视收看的平均时长（Rubin, Perse, Powell, 1985）。然而，不管是哪种定义，经验性研究结果还没有发现准社会交往的形成与收看时长之间存在正相关（Chory - Assad & Yanen, 2005; Rubin, McHugh, 1987）。

四、媒介使用动机

一些研究者还探讨了个体使用媒介的动机是否影响准社会关系的形成（Kim, Rubin, 1997; Rubin, Perse, Powell, 1985）。使用与满足理论主要解释的是个体在媒介消费的过程中都有特定的动机。使用者在媒介消费中获取某些他们想要的信息（Katz, Blumler, Gurevitch, 1973）。在探讨媒介使用动机与准社会关系形成之间的关系上，多个研究得到了一致结果，这些研究结果揭示，在观看电视的过程中，工具性的使用动机更有可能产生准社会关系（Kim，Rubin，1997；Rubin，Perse，Powell，1985）。基姆（Kim）和鲁宾（1997）研究了观众的行为是如何增进或阻碍媒介传播效果的，准社会交往是该项研究关注的诸多变量之一。他们认为工具性的媒介使用动机主要是指信息娱乐和社会效用寻求（social utility–seeking）。他们的研究结果发现，观众行为与准社会交往具有正相关。因此，就目前的研究来看，准社会关系更有可能来自个体通过媒介使用来寻求信息和社会关系支持，而不是出于习惯或消遣时间的媒介使用动机。

五、个体差异（Individual Differences）

此外，研究者还关注个体差异，一些人可能比其他人更容易产生准社会关系。这些特殊的个性特质包括依恋风格、自尊、性别及攻击性特质。

（一）依恋风格

依恋指的是婴儿从他的最初的抚养者那里获得的关于可依赖知识的过程（Bowlby，1969）。一般来说，个体的依恋风格是在婴儿时期发展起来的，此后，个体会以某种方式表现出来的行为特征将贯穿一生（Bartholomew，1993）。研究者将依恋风格应用于对准社会关系的研究。这种联系的理论基础在于，当青少年或成人将他们自身以特定的方式依恋于某种重要关系，那么他们也会以相似的方式将自身依恋于准社会关系。科尔(Cole)和利兹(Leets)(1999)研究结果发现,焦虑型风格的人更容易发展准社会关系,其次是安全型风格的人。焦虑型风格的人易于产生依恋感并且更倾向于向多种不同的人寻求依恋,其中也包括电视中的人物。另一方面,拥有安全感的人则对其人际交往关系感到适应,因此他们可能不需要再去与其他人发展关系。最不可能发展准社会关系的是那些回避型风格的人。科尔和利兹(1999)在研究中认为,这主要是由于回避型风格的人无法信任任何关系,包括准社会关系。科恩(2004)研究结果发现,与其他依恋风格的人相比,在将其与某个维持准社会关系的角色分离开来时,焦虑矛盾型风格的人最容易感到受挫。

(二)自尊

一些研究探讨了自尊对准社会交往的影响。特纳(1993)检验了个体的自尊水平与不同类型媒介角色的准社会关系间可能存在的关系。他认为,低自尊的人由于在发展人际交往关系方面存在障碍,那么他们将更有可能会与媒介角色进行交往。然而,研究结果揭示,仅有高自尊水平才有助于与媒介角色间的准社会关系。由此,特纳(1993)认为,只有那些自我感觉良好的人才更倾向于与媒介角色发展准社会关系,因为这些角色可以让他们自我感觉良好。

(三)性别

一些研究者还检验了性别差异对准社会交往的影响。霍夫纳(1996)研究发现性别差异表现在个体喜欢形成的准社会关系。该研究采用访谈的方法调查了介于 7 岁至 12 岁之间的儿童,并要求他们列出他们最喜欢的电视角色,回答问题则涉及角色、应对时希望的认同、准社会交往以及角色特征。研究结果显示,在形成准社会关系时,女童们主要关注角色的吸引力,而男童们则关注智力、吸引力及角色力量。同样地,科恩(1997)基于浪漫吸引和准社会关系探讨了性别及恋爱状态差异,研究结果发现在发展恋爱关系与准社会关系上,男女两者之间是不同的。结果表明,男性在发展恋爱关系时,当他对关系存在焦虑时,他会转向发展准社会关系;然而与此不同,女性则是在感到恋爱关系安全时,才会转向发展准社会关系。

(四)攻击性特质

另外一些研究者还检验了攻击性特质对准社会交往的影响。埃亚尔(Eyal)和鲁宾(2003)研究攻击性特质以及这一特质是否会增加与暴力角色之间的准社会关系。应用社会学理论(Bandura,1977),研究者认为个体的攻击性特质及其感知到的与暴力角色间的准社会交往之间的联系将有助于解释观众的攻击性。然而,研究结果并没有发现支持这一推理的经验证据。

第五节 准社会交往研究的理论基础

综上所述的准社会交往研究,其在探讨准社会交往过程时主要使用的是人际关系理论。研究者主要从准社会关系与人际关系两者之间相似性的视角进行探讨。尽管准社会关系是单向的，但研究者认为人们在人际关系和准社会关系中其使用的认知过程是相同的（Cole, Leets, 1999; Perse, Rubin, 1989），且人们在评价角色上以决定是否需要继续观看以及在某个特定情境中角色行为是对的还是错的，这些方式和他们在现实社交中评价个体的方式是相同的。

在准社会交往研究中，最常使用的人际交往理论有两个：不确定性理论（Berger, Calabrese, 1975）和个体建构理论（Delia, O'Keefe, 1982）。

一、不确定性理论

人际关系理论认为，人际交往首要目的就在于减少个体观点和行为中的不确定性。人们会努力寻求并获取能够预测不确定环境的知识，以便发展人际关系。随着不确定性的减少，喜欢就会提高（Berger, Calabrese, 1975）。一些研究者将不确定性理论的视角引入对准社会关系的探讨。准社会交往研究者假设，观众产生初始交往是为了减少对角色的不确定性（Perse, Rubin, 1989; Rubin, McHugh, 1987）。他们希望能够预测角色的行为和态度。在媒介情境下，这种情况通常发生在一本新剧或一个新节目最开始的若干个剧集中，这会提高观众进入准社会关系的可能性。为了减少与准社会交往对象相关的不确定性，个体将会采用"消极策略，如观看电视中的角色；或者积极策略，如和别人谈论电视中的角色"（Perse, Rubin, 1989, p.62）。随着他们的不确定性减少，他们就更有可能理解角色以及提高他们对角色的亲密关系（Cole，Leets，1999）。但这方面的研究假设很少得到支持。例如，鲁宾和麦克修（1987）的研究没有得到证据支持准社会交往可以减少不确定性，但对角色的喜爱则会减少不确定性。

二、个体建构理论

个体建构理论与准社会关系也存在着联系。这一理论认为个体总是试图通过将个人化构建实践于每一现实的具体情境中，以此达到理解世界的目的（Delia，O'Keefe，1982）。每个个体都会对不同类型的情境发展出不同的解释模式，其中之一就包括关系形成。个人在与不同类型的其他个体形成和发展人际关系中，一般是依据他的以往的经验，并将这种经验应用到涉及处理人际关系发展的情境之中。研究者认为，个体自身所持有的关于发展人际关系的心理图式也同样可以被应用于准社会领域之中（Perse，Rubin，1989）。

由于人们具有一种自然倾向去评价他人，而这种倾向也会涉及对电视中角色的评价（Annese，2004）。更为重要的是，个体会将他们在现实人际交往中获得的关于他人和情境的处理经验，应用并转移到对电视中虚拟情境的评价，由此形成一种准社会关系。这就是受众与角色之间形成的准社会关系类似于他们现实社会关系的原因（Giles，2002；Rubin，1998）。如果他们评价角色的依据类似于现实中的评价标准，那么那些对他们吸引力更大的媒介角色，就会和他们现实关系中的个体具有相同的特征。

第三章

国内准社会交往研究现状

国内对准社会交往的研究不多,但视野已扩展到互联网。

国内最早关注准社会交往的是来自方建移等人的研究团队(2006,2007),准社会交往理论在经由他们的系统理论梳理后,在国内受到研究者的关注。国内准社会交往研究主要包括如下几个方面:一是准社会交往理论综述;二是不同受众的准社会交往特征研究;三是主持人与受众的准社会交往现象;四是准社会交往量表的编制及检验;五是对基于互联网为媒介的准社会交往现象的探讨。

第一节 准社会交往理论介绍

国内最早关注准社会交往研究的主要来自方建移等人的研究团队,并在介绍准社会交往相关理论方面进行了大量的研究工作。

《缺陷范式抑或通用范式——准社会交往研究述评》是国内研究论文中最早的一篇准社会交往研究介绍文献(方建移,葛进平,章洁，2006）。论文综述了国外准社会交往研究的两个重要范式，即缺陷范式和通用范式。缺陷范式认为，准社会交往源于环境因素（如社会地位、物质资源、能否获得交往伙伴）与人格特征（如移情水平、外倾性和情绪稳定性）的结合。特定的环境或人格条件通常导致被剥夺的社会生活，它反过来又迫使个体与电视中的人物建立替代性的关系；根据缺陷范式的解释，准社会交往是对于不可获得的面对面交往的功能性替代。而通用范式则认为，准社会交往源于受众跟传媒人物的更普遍的情感联结过程，而不是为了寻求补偿；准社会交往可以产生一系列跟真实社会交往中相对应的预期，如期望在增加吸引力的基础上增进友谊；而且，受众跟传媒人物的准社会交往与面对面的交往渠道并不是互相排斥，而是相互补充以更好地满足人们的交往需要。该综述认为，未来的准社会交往研究应当对准社会交往的传播效果以及影响准社会交往的受众心理因素进行深入探讨。

第二节 不同受众的准社会交往行为及特征研究

一些研究将研究对象限定在老年人群体，并对老年人群体的准社会交往现象进行研究。方建移和葛进平（2009）使用问卷调查和访谈的方法，以杭州市老年人为样本，观察老年人群体的媒介接触和准社会交往现象，研究结果发现：

第一，老年人的准社会交往现象并不明显，且跟年龄没有显著相关，即并不是年龄越大，其准社会交往行为越明显。这个结果与国外研究结果没有达成一致。

第二，老年人的准社会交往与大众媒介接触时间成正相关，即老年人平均每天看电视的时间越长，那么其准社会交往行为越明显。

第三，老年人的准社会交往与对电视的满意度呈负相关，即老年人准社会交往越明显，那么他对电视的满意程度越低。

章洁（2009）的针对浙江省青少年的一项研究结果表明，超过80%的浙江青少年选择明星作为自己的偶像，从偶像选择的绝对票数来看，排名前10位的无一例外是娱乐明星，浙江省青少年对明星崇拜已成普遍现象。作者认为，明星崇拜在深层的心理机制方面就是一种准社会交往，并认为对明星的准社会交往实际已经成为当代一种流行且新型的社交方式；同时作者还认为，当明星崇拜者开始坚信自己与明星之间存在一种亲密的个人化联系时，此时的准社会交往开始呈现病理性特征。作者认为，这种病理性的准社会交往，对青少年青春期发展可能带来消极影响。

第三节　主持人与受众的准社会交往现象

主持人与受众间的准社会交往受到国内研究者的关注。马云云（2007）对明星主持人与受众间的准社会交往结构进行了理论分析，研究以齐鲁电视台《拉呱》节目主持人小么哥为例，将明星主持人与公众间的"准社会交往"分为认知、态度、行为三个层面，认为这三个层面分别对应围绕传播内容的交流、公众和主持人情感交流，以及公众对主持人行为的自我内化三种形式。该研究还探讨了网络环境下主持人与受众间的准社会交往呈现出新的特征，如明星的信息更丰富、受众的评价更多元以及主持人与受众间的交流显得更真实等。

毛良斌（2012）的一项研究探讨了私家车主与广播主持人间的准社会交往会对其广播收听行为产生怎样的影响，对990名私家车主进行了问卷调查，调查结果发现：

第一，私家车主与广播主持人之间准社会交往水平越高，他们广播接触暴露水平就越高。具有高水平准社会交往的私家车主，不仅每周开车时收听广播的天数会更多，而且每天开车时收听广播的时间也更长。

第二，私家车主与广播主持人间的准社会交往水平越高，他们对广播主持人微博的关注度也越高，私家车主准社会交往对他们对广播主持人微博关注行为具有显著正效应。

第三，私家车主与广播主持人间的准社会交往水平越高，他们对广播广告耐受度越强，私家车主准社会交往对他们对广播广告耐受具有显著正效应。

第四节 准社会交往量表的编制及检验

编制准社会交往量表是开展准社会交往实证研究的前提和基础，因此国内研究者在改编国外已有的准社会交往量表的基础上，编制适合面向国内受众的准社会交往量表方面进行了大量的研究工作。

葛进平（2010）以鲁宾（1987）的量表为基础，从中选择了12个项目，同时自编15个项目构建了一个27个项目准社会交往量表，并同时使用老年人和外来务工者两类人群进行结构效度及信度分析。结果得到了一个单维度12个项目准社会交往量表，量表的项目及结构见表3.1。

表3.1 葛进平编制的准社会交往量表项目及结构

序号	项目内容
2	当我喜爱的电视人物犯错误时，我会感到很难过
3	我将自己喜爱的电视人物当作自然的、真实的人
4	如果我所喜爱的电视人物出现在其他电视节目中，我就会去看那个节目
6	我喜欢亲眼见到我喜爱的电视人物
8	如果我在报纸或杂志上看到我所喜爱的电视人物的报道，我会阅读
9	当我喜爱的电视人物生病时，我会为他/她担心
10	当看不到我喜爱的电视人物时，我会思念他/她
12	我发现我喜爱的电视人物很有魅力
13	电视人物都是虚拟的，不能打动我
16	我会反复多次观看我喜欢的电视人物的节目
23	我相信我喜欢的电视人物的言论
24	当我喜欢的电视人物主演的电视剧播完后，我有一种失落感

此外，葛进平等（2010）还利用顾特曼量表的形式编制了一份10个项目的准社会交往量表。该量表主要基于将准社会交往划分为认同、讨论、模仿、希望交往、准备交往几个阶段，以此为线索构建顾特曼量表。该量表包括以下10项陈述，具体内容见表3.2。顾特曼量表记分方法与以往的准社会交往使用平均数记分法存在明显差异，其要求被调查者在上述10项陈述中选择一项最适合自己的说法，对应的

序号为被调查者准社会交往的得分,得分与准社会交往程度成正比。

包敦安(2010)等人基于交易网站,从态度、认知和行为互动三个维度研制了12个陈述的准社会交往量表,量表的具体内容如表3.3。

表3.2 葛进平编制的准社会交往顾特曼量表

序号	项目内容
1	电视人物十分脸谱化,我讨厌他们
2	电视人物是虚拟的,不能打动我
3	许多电视人物是我崇拜的对象
4	我经常与人谈论流行的电视人物
5	我会收集并保存电视人物的信息
6	我会购买电视人物做广告的商品
7	我希望同电视人物见面
8	我会模仿电视人物的言行
9	我经常梦到我同电视人物在一起
10	为了同电视人物交往,我会不顾一切

表3.3 包敦安编制的基于交易网站的准社会交往量表

序号	维度	项目内容
1	态度互动	A1 我认为该发帖者有较强的语言表达能力
2		A2 我认为该发帖者比较细致
3		A3 我认为该发帖者比较喜欢帮助别人
4		A4 我认为该发帖者有过产品的消费经验
5		A5 我感觉该发帖者比较正直
6		A6 当我阅读帖子的时候,感觉就像跟好朋友在一起一样
7		A7 我感觉发帖者能了解我所需要的内容
8		A8 我感觉该发帖者很有吸引力
9		A9 这个发帖者让我感觉放松和愉快

续表

序号	维度	项目内容
10	认知互动	B1 我感觉该发帖者能帮助我形成对产品的观点
11		B2 发帖者能认真地回复我的问题
12		B3 如果发帖者还有对其他产品的点评，我还会浏览
13		B4 我对发帖者的点评持赞同态度
14	行为互动	C1 我有购买的冲动
15		C2 我会将发帖者的观点与自己的观点进行对比
16		C3 我会询问发帖者一些问题
17		C4 我希望能见到发帖者

第五节　准社会交往研究总结

基于对国内外准社会交往研究的回顾，我们将可以得到如下几个重要结论。

第一，以往研究虽然比较多地混用准社会交往和准社会关系，但严格讲两者是有区别的，其中最重要的区别在于交往的持久性。准社会交往是受众在媒介消费时（during media consumption）对媒介人物的反应，而准社会关系是受众在媒介消费时和更长时间（more long-term responses）对媒介人物的反应。准社会交往是发展准社会关系的条件，对于准社会交往的产生来说，媒介使用者不必经历与媒介人物长期的交互，甚至是多个偶然场合，其也会发生。

第二，准社会交往与多个概念存在关联。一些现象有可能是伴随着准社会交往产生的，另一些现象的发生则可能促进准社会交往的进程。其中一些概念（如亲和力，同质性，移情）等比其他概念（如受众卷入，专注等）更具有情感导向。情感反应，在某种程度上可能是产生准社会交往的一个前提条件。换句话说，当一个观众喜欢某个角色，或与某个角色发生情感上的联系，他或她将更有可能进行准社会交往；卷入和专注也有可能引起准社会交往。因为观众在收看节目时，无论他对角色或媒介的感受是什么，只要仍然具有保持卷入的动机，那么就有可能产生准社会交往。因此，关注动机以及情感反应有可能是同时作为产生准社会交往的前提条件。如果观众专注于节目，他或她就有可能继续交往，卷入或专注有可能会提高对媒介角色的移情、同质性和亲和性。

第三，目前所有准社会交往的测量量表测量的均为准社会关系。准社会关系的测量包含认知、态度、行为三个层次，且是线性的，由弱到强逐步发展。准社会关系的发展同消费心理学 AIDA（"爱达"）模式类似，媒介人物必须吸引受众的注意（Attention），并使其产生兴趣（Interest），进一步诱发欲望（Desire），最后采取行为（Action）。"注意"是认知的准社会关系，"兴趣"和"欲望"是态度层次的准社会关系。

第四，引起准社会交往的因素主要来自三个方面：一是心理因素，如孤独和吸引；二是动机因素，如媒介使用动机；三是个体差异，如依恋风格、性别、攻击性特质等。

第四章

微博准社会交往模型构建

本章将提出微博的准社会交往的理论构想,并对微博准社会交往的可能性及特殊性进行理论分析。其次,根据对微博准社会交往的理论分析,将构建一个基于微博准社会交往的未来研究模型,并着重探讨该模型应重点关注的若干核心问题。

第一节 微博准社会交往的可能性及特殊性

一、微博准社会交往的可能性

从已有的准社会交往研究文献来看,准社会交往现象可以发生在多种类型的媒介条件下,如电视、广播、浪漫小说甚至是剧院舞台。准社会交往从形式特征上看,是受众与媒介角色之间的一种单向性交往关系,从内容特征上看,是受众对媒介人物之间产生的多层面反应和联结状态，包括认知、情感和动机。因此，考察发生准社会交往的可能性应从以上两个维度进行。那么在互联网条件下，基于具有很强社交性的微博平台，会产生准社会交往吗？

首先，从产生的形式特征上来看。虽然微博平台具有非常好的互动交往功能，在这个平台上，任何个体之间都可以进行一对一的交往与互动，这与现实中的人际交往情境几乎相同。但是，以微博为媒介的交往毕竟不同于现实面对面的交往形式，在微博平台上，也存在大量类似于电视或广播等大众媒介条件下的准社会交往现象。如许多名人微博，其粉丝有可能达数百万之多，这些名人不太可能与所有粉丝进行一对一的互动。一般来说，名人们很少会亲自发起与粉丝间的一对一互动，大多交由经纪人或专业工作团队来管理其微博；而且大量粉丝中间，可能也只是一部分粉丝会在微博平台上主动发起与名人的交往，而大量的粉丝有可能只是潜在的观看者（通常可称之为 lurker），他们什么都不做，只是关注他们所喜欢明星的近况以及观看其他粉丝发表的帖子等。这种情况其实与电视或广播媒介条件下的准社会交往现象没有任何差异。

其次，从产生的内容特征上来看。受众对媒介角色的准社会交往中经常包含了他们对所喜欢媒介角色的认同、喜欢及由此促发的关注或卷入动机。在微博平台上，作为潜在观看者的粉丝，某些微博可能更容易引起他们的注意，经过接触及经常浏览某一微博，逐渐形成对该微博一定的情感倾向，并建构起与该微博（或微博主）一定程度的交往关系。当然，这种交往关系可能代表着他对关注角色某种形式的认同或喜好。在长期的关注过程，他有可能会增加对媒介角色的认同、喜好，从而加强对媒介角色的准社会交往；也可能会减少认同或喜好，甚至于取消对该媒介角色的关注，从而中断与媒介角色间的准社会交往。

因此有理由做出推断，在微博平台上，完全有可能会发生类似于大众媒介条件下的准社会交往现象。作为一种社交平台的微博，仍然具备大众媒介的某些方面的特征，这为微博准社会交往的产生提供了媒介基础。

二、微博准社会交往的特殊性

微博毕竟不同于电视或广播等大众媒介，那么微博准社会交往会具有怎样的特殊性呢？从以往的研究文献来看，准社会交往一般都是积极的，表现在受众因认同角色的观念或特征而关注媒介角色，或者因为感受到角色有亲和力而产生对角色的偏好进而关注媒介角色。这些现象往往都是在电视或广播作为媒介交往条件下发生的。大众媒介条件下的准社会交往之所以经常是积极的，其原因很可能在于，传统大众媒介对媒介角色呈现均会经过精心设计，其目的就在于引起受众的积极的情绪反应以形成好感。

然而，微博平台媒介条件与电视、广播等大众媒介条件是非常不同的。微博是一个自由开放，兼容并包的媒介平台，任何人可以自主决定其以何种形式呈现于微博的媒介平台之上，这个媒介平台更推崇个性化。一些名人可以利用这一平台，使自己呈现给受众一种更具有亲和力，更易于接近的印象，一方面可以吸引更多的追求者，另一方面则可以增加对粉丝的吸引力以及粉丝对他的喜欢程度；而另一些不知名者，则有可能会以一些突破日常规范的行为或比较偏激的观点在微博平台上呈现自己，从而博取受众的关注。这就出现了另一种准社会交往形式，即受众也有可能因为不认同或反感某个媒介角色而产生关注，他们维持与媒介角色关系的原因正是因为不认同或者是某种厌恶感，因此可以称之为消极准社会交往，这种消极的准社会交往如果能够持续维持一段时间，那么受众与媒介人物之间则会形成一种消极的准社会关系。如果从社会认知的视角来看，准社会关系本质上是人们对所交往媒介角色形成的一种心理关系图式（mental relational schema）(Klimmt, Schramm, Hartmann, 2006)，那么消极的准社会关系则可以认为是一种由于持久性地对某个媒介角色的消极情绪反应（如厌恶、憎恨）而使受众对该媒介角色形成的某种消极的心理关系图式（Hartmann, Stuke, Daschmann, 2008）。

这样看来，微博的准社会交往的特殊性可能表现在，准社会交往可能是积极的，也可能是消极的。这是微博与其他大众媒介条件下准社会交往现象最大的差异。

第二节 微博准社会交往的研究模型

从以往的研究来看，由于其所涉及的准社会交往基本上以积极为主，因此会认为准社会交往本质上是受众对媒介角色的认同、亲和力以及卷入动机，其产生的效果都是积极的，引起准社会交往的条件一般都是积极因素,比如受众期望具有与媒介角色相似的特征,受众感受到媒介角色对自己具有极大的吸引力。然而,微博准社会交往既有积极的一面,也有消极的一面,因此,未来的研究需要在消极准社会交往层面开展深入的探讨。基于以上考虑,本章构建出微博准社会交往研究模型(如图4.1所示)。

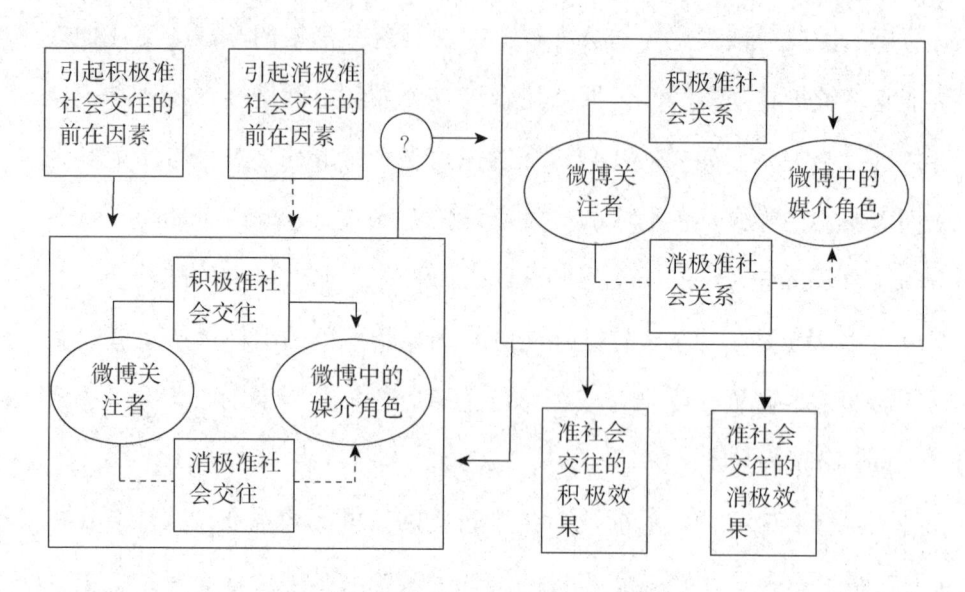

图 4.1 基于微博准社会交往研究模型

注:模型图中实线表示积极准社会交往过程及其传播效果;虚线表示消极准社会交往过程及其传播效果;"?"表示受众准社会交往若不能持久或中断,则无法形成与微博中媒介角色的准社会关系。

通过微博准社会交往研究模型,未来研究中应关注三个核心问题。

一、基于关系属性的准社会交往

历来准社会交往研究探讨的均为积极准社会交往，所开发的测量工具也均是对积极准社会关系的测量。本研究模型认为，在准社会交往中，既存在积极准社会交往，也存在消极准社会交往；既存在由积极准社会交往产生而形成的积极准社会关系，也存在由消极准社会交往产生而形成的消极准社会关系。界定清楚积极准社会交往和消极准社会交往的理论差异，以及发展积极准社会关系和消极准社会关系的测量，是未来研究的一个重要内容。

目前的测量工具均是对积极准社会交往的测量，而未见消极准社会交往的测量。在理论上来看，积极准社会交往和消极准社会交往在构念层面上应该是不同的。因此，构建消极准社会交往的理论构念，并发展对这一构念的测量工具是未来研究进一步开展的基础。

二、在微博平台上准社会交往产生的前在条件

根据以往的研究，诸如孤独、吸引、使用动机以及个性如依恋风格等是引起积极准社会交往的前在条件，然而这些研究多以大众传播媒介中的媒介角色为交往对象，产生准社会交往的媒介环境与微博平台条件下的媒介环境存在明显的差异，如微博平台为受众与媒介角色提供更多的直接互动的渠道，媒介角色通过微博平台了解受众对他的关注及评价，受众也可以通过微博平台向媒介角色表达自己的喜好和

态度（只要他愿意并付诸行动）；媒介角色在微博平台可以呈现更加个性化的语言和行为，从某种程度上说，微博平台给予媒介角色更多的自主权来呈现和塑造自己的媒介形象，既可以展示积极的自我，也可以展示负面的自我。在展示负面媒介形象方面，微博平台上的可能性将远远高于大众传播媒介平台。在微博平台上，产生准社会交往则需要哪些必要前提条件呢？消极准社会交往在哪些条件下才会形成呢？受众对互联网的依赖程度是否也决定着其对微博媒介角色的准社会交往呢？这些问题都需要未来的研究，获取更多的经验数据进行一一检验。

三、微博准社会交往对传播效果的影响

在电视广播主导的大众媒介时代，明星或媒介角色一般以构建与受众之间的积极准社会交往为目的，从而引起关注并获得受众的喜欢，而研究者更加关注的是准社会交往产生的积极后果。然而，在微博的平台上无论是受众以及明星，都追求个性化及自我表现。因此一些即使是非常受关注的微博名人，往往也会发表偏激的观点以获得更多的粉丝关注；而一些企业也往往会利用这些名人的影响力，进行有目的的商业营销。当受众深度卷入对媒介角色的消极准社会交往，或者受众以积极方式深度卷入的准社会交往对象发表消极的观点或进行了一项消极的社会行为（如家暴、吸毒、酗酒或者飙车等），那么对受众会产生怎样的影响效果呢？

此外，以往准社会交往研究在探讨对传播效果的影响时，多涉及

对个体水平的影响。在网络环境下，网民通过各种方式进入不同类型的网络社群并成为其中的一员，尤其是在准社会交往条件下形成各种各样的粉丝群。微博上的媒介角色，其所发布的信息及表达的观点，能够在短时间内得到大量粉丝的关注、转发以及支持；经由准社会关系为纽带，对数量和规模都非常庞大的粉丝群的行为和观点存在相当的影响力，这种影响并不指向个体，而是指向个体间联系的组合，即群体。而对于群体水平的影响研究，这是过去的研究所忽视的。微博这一特殊社交平台的结构和组织，将给研究基于群体水平的准社会交往对传播效果的影响提供可能的条件，这也是未来研究的一个重要方向。

第五章

微博准社会交往理论结构分析

网络环境下的准社会交往研究近年来日益引起研究者的关注，国外及国内的研究者已经开始探讨社交媒体平台中的准社会交往现象（刘于思，2009）。从现有的文献来看，这些研究仍然遵循以往研究的思路，即以受众与媒介角色间积极的交往和关系作为研究内容，而未考虑到社交媒体平台中还存在大量消极的准社会交往现象。基于微博社交平台特殊媒介环境，本章将探讨该环境条件下基于关系属性的两类准社会交往的理论结构，即微博积极准社会交往和微博消极准社会交往。

第一节 研究方法

本研究中，我们将用半结构访谈的方法，获取调查数据。访谈法是研究者通过与研究对象的交谈来收集有关对方心理特征与行为的数据资料的研究方法，它在社会科学研究中有着非常广泛的应用（王重鸣，1990）。

本研究主要采用半结构访谈的方式，要求被访谈者根据特定的问题自由地回答。在对以往文献回顾的基础上，结合本研究中提出的主要问题，我们编制了用于访谈的访谈提纲，选取若干满足条件的微博用户作为我们访谈的对象。

一、访谈研究的样本情况

本研究主要选取某高校内在读大学生20名为访谈对象。为了方便获取资料，我们对访谈对象的选择设置了一定条件。首先，访谈对象具有较长时间的微博使用经验，在本项研究中，我们规定微博使用经验1年以上；其次，访谈对象在平常经常使用微博，在本项研究中，我们规定，在没有特殊情况下，平时至少能做到每两天登录一次微博；最后，访谈对象在微博平台具有一定数量的交往对象，包括主动关注对象和被关注的粉丝，在本项研究中，我们规定微博中主动关注的对象至少要达到50个，且同时被至少50人关注。通过这些条件的限定，我们可以认为受访者具有较好的微博使用经验，而且他也可以利用微博平台进行积极的网络社交，当然其中也包括可能存在的准社会交往过程。

表5.1反映了20名访谈对象的基本信息资料。受访者中男生9人，女生11人；年级主要包括大一、大二和大三；学科专业分布比较广泛；微博使用时间最长者达4年，最短者也能达到1.5年；使用频次基本是每天都会登录，2名受访者表示大概2~3天登录一次；受访

者微博中主动关注最大值为1308,最小值为142;粉丝数量最大值为6190,最小值为86。访谈对象的基本信息满足我们事先对受访者的基本要求。

表 5.1 访谈对象统计描述

对象	性别	年级	专业	使用时间	使用频次	关注数	粉丝数
Sub1	男	大一	文学	2 年	每天	339	186
Sub2	女	大一	医学	3 年	每天	643	1472
Sub3	男	大一	计算机	2 年	每天	575	879
Sub4	男	大一	生物	2 年	2~3 天	344	192
Sub5	女	大一	经济	1.5 年	每天	525	788
Sub6	女	大二	管理	1.5 年	每天	511	300
Sub7	女	大二	金融	2 年	2~3 天	142	126
Sub8	女	大二	文学	3 年	每天	480	6190
Sub9	男	大二	英语	2 年	每天	441	452
Sub10	男	大二	计算机	2 年	每天	648	88
Sub11	女	大二	管理	2.5 年	每天	1308	167
Sub12	女	大二	新闻	3 年	每天	342	121
Sub13	男	大二	新闻	3 年	每天	422	968
Sub14	女	大二	医学	3 年	每天	276	379
Sub15	男	大二	法学	1.5 年	每天	595	1450
Sub16	女	大三	文学	2 年	1~2 天	310	260
Sub17	女	大三	法学	4 年	每天	530	131
Sub18	女	大三	经济	2 年	每天	256	469
Sub19	男	大三	计算机	2 年	每天	174	86
Sub20	男	大三	土木工程	3 年	1~2 天	436	296

二、访谈材料设计

对于半结构访谈来说，访谈问题的设计是其中最重要的一个环节。本研究认为微博准社会交往在具体形式上与以往大众传播媒介下的准社会交往存在差异，但构成准社会交往的本质结构应该一致，其应该同样包括了受众对微博平台上的媒介人物的认知反应，情感反应和行为意向。虽然在微博平台上，媒介人物可以用多种信息方式呈现自己，既可以用文字的形式表达自己，同时也可以辅以图片和视频等多种媒体手段，比以往媒介在呈现方式上更丰富更立体。但是不可否认一点，即文字表达仍然是最主要的手段。

考虑到上述特征和背景，本研究认为Schramm和Wirth（2008）提出的准社会交往跨情境模型中的理论结构可以成为本研究设计访谈问题的主要参考依据。上述模型认为，对于准社会交往应该包括如下三个层面的反应：

首先，从认知反应上说，受众应该关注特定的媒介角色，并对该媒介角色形成比较深的印象，并在一定程度上成为自己工作和生活的一个参照物。

其次，从情感反应来说，受众对特定媒介角色形成的某种情绪反应。

最后，从行为意向来说，受众受特定媒介角色影响而导致产生的一些行为倾向。

基于以上考虑，我们编制了本研究的访谈提纲（详见附录一）。

访谈提纲主要围绕如下五类问题进行：

第一类问题是关于"访谈对象使用微博的具体情况"，如你是什么时候注册第一个微博账号的？在最近的一个月，你使用微博的频次情况如何？你目前微博中的关注数和粉丝数分别是多少？你所关注的微博人物，有没有这样的情况：在现实情境中其实你与他互不相识，但在微博平台上，你觉得自己熟悉和了解关于他的信息，你对他有着比较长一段时间的关注？

第二类问题是"关于对媒介角色的认知反应"，如在那些你们互不相识的微博人物中，你目前特别关注，而且特别愿意和我们分享的是哪五个呢？请比较具体地描述一下，其中两个你最愿意与旁人分享的微博人物的情况？你对这些特别微博人物的关注和对其他一般微博人物关注的差异表现在哪些方面？你关注的微博人物中，是否存在有一些其实是你不喜欢但又是在积极关注的？你是怎么看这些微博人物的？

第三类问题是"关于对媒介角色的情感反应"，如当你在浏览这些特别微博账号内容的时候，你会有怎样的感受呢？当你好久没有浏览这些微博账号内容时，你又会有怎样的感受呢？和其他一般的微博账号相比，对于你刚提到的这些特别的微博账号，你觉得在感受上存在怎样的差异呢？如果有一些你关注的微博人物是你不喜欢的，你一般会对他们具有什么感受或体验呢？

第四类问题是"关于对媒介角色的行为意向"，例如，如果有机会，你最想对你特别关注和喜欢的那些微博人物做点什么？如果有机会，你最想对你特别关注但又不喜欢的那些微博人物做点什么？

三、访谈实施过程

一般来说，在访谈研究中，访谈对象对问题的理解，访谈对象的卷入程度，访谈者的提问方式以及对访谈结果的记录等因素均有可能会影响访谈的结果（王重鸣，1990；董奇，2004；柯惠新，2008）。因此，在本次访谈研究中，我们先以初编的访谈提纲对 2 名微博用户进行了试谈，我们在访谈过程中考察这些访谈对象对问题理解的准确程度，之后又让其对访谈者的提问方式提供反馈意见。根据试谈的反馈结果，我们对初编的访谈提纲进行修改，从而形成上述正式的访谈提纲。

在正式的访谈过程中，访谈对象对访谈均非常配合，访谈卷入程度很高。访谈者为 2 名，其中一名主谈者进行提问和追问，另一名则负责记录访谈对象回答的要点。为了尽可能完整地收集数据，在征得访谈对象同意的情况下，我们使用录音质量较好的三星录音笔对访谈进行全程录音，本研究中 20 名访谈对象均表示同意对访谈过程进行录音。

第二节 访谈资料分析与结果

访谈完成之后，我们及时根据访谈记录和录音对访谈资料进行了整理，在此基础上对访谈资料进行分析和总结。

一、访谈资料的分析方法

本研究主要采用内容分析的方法对上述资料进行分析。内容分析（content analysis）主要是通过系统客观地识别资料的特征，从大量的资料（一般都是言语资料）中抽取所需要的信息，经由内容分析，大量的定性的信息可以缩减成为一种更小且更易于掌握的表述形式（Smith，2000）。内容分析将一种定义明晰的分析程序公平且一致地应用于选取的所有资料，所产生的结果是无偏的，这一结果能被其他专业的研究者所重复，在这一意义上可以说内容分析是客观的。

内容分析方法的首次应用可以追溯到18世纪的瑞典赞美诗中对神学专门语的分类（Doving，1954~1955）以及1838年对不同年龄段盲人的梦想中的视觉印象的分析（Van de Castle，1994）。在社会科学领域内，内容分析的价值在20世纪初得到了诸如马克斯·韦伯（Max Weber）和哈罗德·拉斯韦尔（Harold Lasswell）等人的认可。内容分析一词首次用于新闻学领域，如今内容分析在诸如教育、管理、地理学等方面都有着较为广泛的应用。

内容分析研究一般包括如下几个关键步骤：

（1）陈述研究的问题和研究的目标；
（2）判断所要分析的资料类型；
（3）获取所要分析的资料；
（4）开发内容分析的编码系统；
（5）对编码者进行训练；

(6) 评估内容分析的信度和效度；

(7) 对结果进行解释。

在内容分析的过程中，开发编码系统是其中最核心的一个环节。因为只有依靠编码系统才能将来自所分析资料的信息进行具体化，而且编码系统也是使内容分析方法具有客观性的主要基础，它可以使其他研究者也能使用相同的过程获取相同的结果。编码系统主要由下列几部分构成：首先是定义所分析的资料的单位，其次是确立分类或分类的维度，最后是应用这一系统的规则。对于分类维度的确立，如果该研究所涉及的内容已有较多的研究数量，且有着很好的理论构思，那么直接可以根据理论构思开发；然而，如果该研究为初始性或探索性研究，前在的理论构思尚未建立，那么则需要在全面阅读和分析访谈资料的基础上归纳得出。现有的研究结果表明，在确立分类维度时，最好是在已有的理论构思和对所获取的资料进行阅读和分析的基础上确立。

本研究所要探讨的是准社会交往现象，虽然以往的准社会交往研究已经有一定的理论基础，但具体到本研究所关注的微博准社会交往这一特殊情境，微博用户与微博人物之间的准社会交往表征则从未被探讨过，本研究对这些内容所做的是探索性研究，故我们的编码系统将在结合理论构思和访谈资料阅读和分析的基础上开发而成。

在分析访谈资料时，我们以句子作为最小的分析单元进行。为了最后能对编码者的内部一致性进行评估，我们采用2人对访谈资料进行编码。关于编码者的选取，史密斯（Smith）（2000）认为，在编码过程中，为了保证编码的客观，编码可以由一个研究者和一个独立的编码者进行，也可以由两个互相独立的编码者进行。在本研究中，我们主要由一位研究者和另一位与本研究无关的独立编码者对访谈资料进行编码。此外，为了保证编码方案的清晰度和全面性，在编码之前，我们对编码者进行了严格的培训，使其对编码标准的理解准确无误。

二、内容分析编码类别的建立

在以大众传播媒介为背景的准社会交往研究文献中，研究者在开发准社会交往的测量工具过程中，多数量表会包含认知反应这一维度。索德（2002）认为准社会交往是由情感、认知和行为三个维度构成的，其中认知导向交往（cognitively oriented interaction）是指受众对节目的关注以及节目内容的思考；情感导向交往是指受众对角色的认同程度；行为导向交往是指受众探讨或想要对话媒介角色的程度。奥特等人（2000）提出准社会交往包含四个维度，即角色认同、对角色的兴趣、群体认同和角色解决问题能力。施拉姆等人（2008）编制的准社会交往进程量表也包含认知、情感和行为三个维度，而且在各个维度继续区分了二级维度。如准社会交往认知则包括五类进行，即对角色的关注、对角色行为的理解、对角色的评价、对角色的期待、对角色与自己联系的比较。本研究认为，施拉姆等人（2008）对准社会交往的理论结构比较全面地涵盖了各类不同情境中的受众对媒介角色的准社会交往反应表现，因此在修改与补充的基础上，可用于对微博准社会交往观测指标的编码分类的理论框架，由此形成本研究中对微博准社会交往反应的内容分析编码分类表，如表5.2所示。

表 5.2 微博准社会交往反应的内容分析编码表

编码维度	编码类目	说明
认知反应	人物关注	指对人物的信息记忆及相关信息的关注
	人物理解	指对人物发表内容、表现等语言及非语言行为的解释、归因等
	人物评价	指对人物的各方面进行评价,包括外表、行为、品质等
	人物预测	指对人物未来的表现进行预测
	人物与自己的联系	指对人物与自己关联性的评估,如相似之处、差异分析等
情感反应	好恶感	指对人物的喜欢或厌恶等情感反应
	情感移入	指对人物产生的同情、怜悯或讥讽、幸灾乐祸的情感
	情感激发	指因人物的原因影响到自己的情绪等
行为反应	非语言行为	指在表情、姿态或动作上对人物的模仿
	语言行为	指在语言举止上对人物的模仿
	行为意向	指在行为方向产生的对话、亲近或接触的意图

三、内容分析结果

根据以上内容分析编码分类表,我们使用 2 名编码者对访谈资料进行了认真仔细的编码,并对编码后所取得的数据进行分析,结果如下。

（一）内容分析信度和效度检验

内容分析信度是指其他研究使用相同的测量方法能在相同的资料上得到相同的结论。在内容分析中，研究者一般使用编码者间的一致性系数来表示内容分析的信度。本研究中内容分析的结果主要以类别分数表示，故我们选百分比一致性系数表示内容分析的信度（Neuendorf，2002）。百分比一致性系数的计算公式为：$PA_0 = A/n$。其中PA_0表示所求的百分比一致性系数，A表示两个编码者在某个类别上所达到的一致性的数目，n则表示两个编码者在某个类型上所要分析的资料单元的总量。

根据上述计算信度的方法，我们分别对各编码类目内容分析的信度进行了检验，结果如表5.3所示。弗雷（Frey）、博坦（Botan）和克雷普斯（Kreps）（2000）认为编码者内部一致性系数达到70%就是可以接受的，从表5.3可以看出，我们的内容分析具有较好的信度，在大部分的类型上，我们的编码者内部一致性系数均达到0.80以上，而少数类别如人物预测、人物与自己的联系，其一致性系数较低，仅为0.73，这可能由于对这两个类别的操作定义仍然存在模糊性。但就我们整个编码方案来说，其信度是良好的。

此外，我们还对内容分析的效度做了进一步的检验。首先，本研究中准社会交往反应编码表的构建均基于以往文献依据和大量的访谈资料的基础上形成。类别形成是内容分析中的核心问题（Pool，1959；Rust，1980），类别形成的第一步产生于理论水平，理论导向的内容分析问题构建了内容分析假设的形成。这样从源头上保证了内容分析基础是可靠的。其次，编码过程中事先对编码者进行了严格的培训，同时在编码过程中两个编码者均在独立的基础上完成，从而进一步提高了内容分析的效度。

表 5.3 两位编码者一致性系数

内容分析编码类目	编码者一致性系数
认知反应	
人物关注	0.87
人物理解	0.80
人物评价	0.87
人物预测	0.73
人物与自己的联系	0.73
情感反应	
好恶感	0.93
情感移入	0.93
情感激发	0.80
行为反应	
非语言行为	0.87
语言行为	0.80
行为意向	0.87

（二）内容分析的描述性统计分析结果

我们对各类目在访谈中出现的频次做了进一步的分析，分析结果如表 5.4 所示。

对准社会交往认知反应编码结果显示，在微博平台条件下，准社会交往认知反应最显著指标为对人物的关注，其次为人物评价以及人物与自己的联系。施拉姆等人（2008）编制的大众媒介背景下的准社会交往认知反应中的人物理解和人物预测在微博平台条件下并不显著。原因可能在于，故事性较强的人物更容易引起受众对人物进行理解和预测的认知反应，而微博平台下的媒介人物故事性不强。

对准社会交往情感反应编码结果显示，在微博平台条件下，准社会交往情感反应最显著指标为好恶感，其次为情感移入；相比之下，情感激发并不显著。情感激发需要丰富的环境条件刺激，因此叙事性特征突出的媒介条件下（电视、电影、剧院等），该类情感反应可能更突出。

对准社会交往行为反应编码结果显示，在微博平台条件下，准社会交往行为反应最显著指标为行为意向，其次为语言行为；相比之下，非语言行为并不显著。非语言行为需要媒介人物对自己的形象具有丰富和立体的展示平台，对于微博平台来讲，并不具备这样的媒介条件。事实上，微博平台对语言的展示也是有限的，150字的描述字数限制，受众对语言形貌或非语言形式的感知是有限的，因此语言内容刺激比语言形式刺激更容易诱导受众的行为意向。

表5.4　内容分析各类别的编码频次分析表（$n=20$）

内容分析类别	频次	百分比
认知反应		
人物关注	20	100%
人物理解	11	55.5%
人物评价	17	85%
人物预测	10	50%

续表

内容分析类别	频次	百分比
人物与自己的联系	16	80%
情感反应		
好恶感	20	100%
情感移入	16	80%
情感激发	15	75%
行为反应		
非语言行为	2	10%
语言行为	16	80%
行为意向	18	90%

四、基于微博准社会交往访谈研究总结

本研究通过对20名在读大学生微博使用者进行深入的现场访谈，采用内容分析技术对整理所得的访谈资料进行了详尽的分析，获得了大量具有价值的成果，具体表现在如下几个方面：

（1）基于微博准社会交往认知反应具体表现在受众对微博人物的关注、评价以及与自己的联系评估方面。这一认知反应显然有别于大众媒介条件下受众对媒介角色的认知反应，对于后者来说，受众更倾向于对人物的理解和对人物命运的预测。

（2）基于微博准社会交往情感反应具体表现在受众对微博人物的好恶感和情感移入。这一情感反应明显区别于大众媒介条件下受众对媒介角色的情感反应，对于后者来说，受众更容易出现情绪激发等情感反应。

（3）基于微博准社会交往行为反应具体表现在受众对微博人物的行为意向，其次为语言行为；准社会交往行为反应中的非语言行为在微博平台条件下并不明显，这一点明显区别于传媒媒介条件下的准社会交往行为反应。

综合上述访谈研究结果，可以得到基于微博准社会交往的理论结构模型，如图5.1所示。

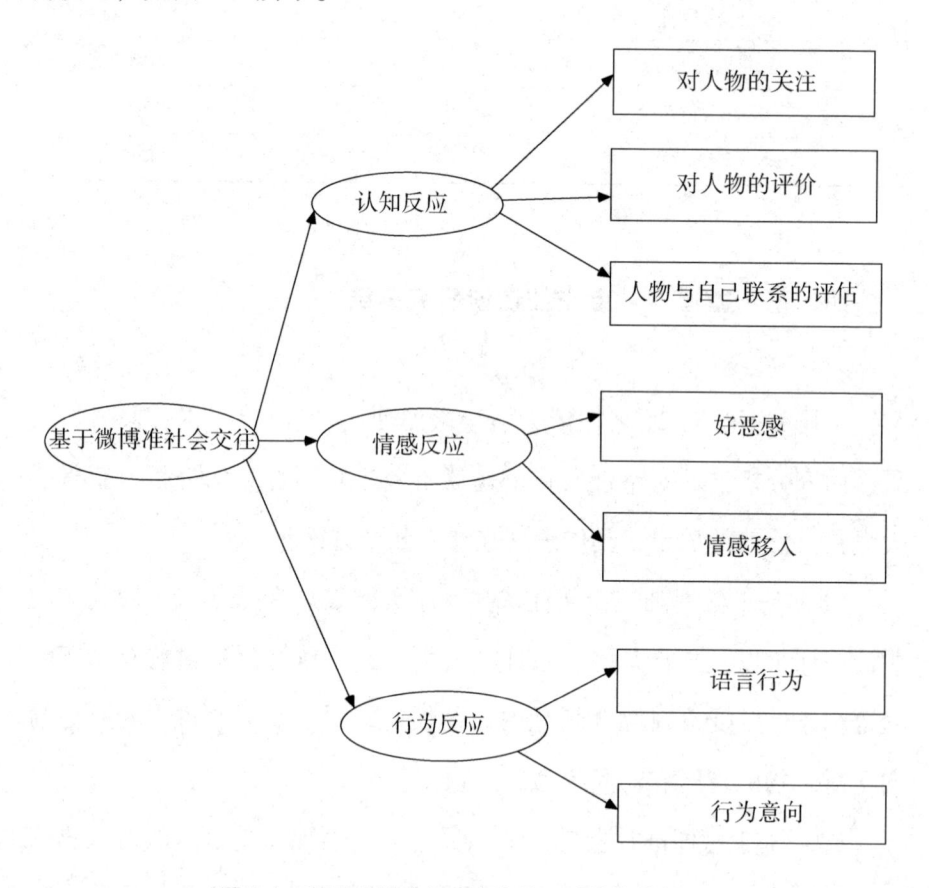

图5.1 基于微博准社会交往的理论结构模型图

第六章

微博积极准社会交往

　　根据以往的准社会交往研究文献，从时间的维度看，准社会交往存在两种理解视角。其一，将准社会交往视为受众对媒介人物产生的一种即时反应，这是受众在媒介消费过程中，对媒介人物产生的一种心理交互行为；对于研究者来说，观测准社会交往的即时反应行为会受到情境和时间条件的限制，难以进行，且这种即时的准社会交往对受众的影响效果也可以进行直接观测。其二，将准社会交往视为受众经由多次与媒介人物的准社会交往，进而形成对媒介人物一种比较持续长久的反应，一些学者将之称为准社会关系。对于研究者来说，准社会关系可以进行事后测量，且准社会关系对受众的影响效果可以进行直接测量。因此，从现在的研究文献来看，准社会交往的测量大都是基于对受众与媒介人物之间的准社会关系的测量。

　　克里姆特（Klimmt）（2006）等人认为，如果从社会认知的视角来看，准社会关系本质上是人们对所交往媒介角色形成的一种关系图式（mental relational schema）（Klimmt, Schramm, Hartmann, 2006）。

这种关系图式可能是积极的,也可能是消极的。因此,我们将受众因为认同或喜欢某个媒介角色而产生关注称之为积极的准社会交往,这种积极的准社会交往如果能够持续维持一段时间,那么受众与媒介人物之间则会形成一种积极的准社会关系;然而受众也有可能因为不认同或反感某个媒介角色而产生关注,他们维持与媒介角色关系的原因正是因为不认同或者是某种厌恶感,因此可以称之为消极准社会交往,这种消极的准社会交往如果能够持续维持一段时间,那么受众与媒介人物之间则会形成一种消极的准社会关系。

基于上述分析,积极微博准社会交往是指在微博平台条件下,受众因认同或喜好微博人物而对其产生比较持久的关注行为。在第四章中,用现场访谈方法对微博准社会交往的理论结构进行了初步的探索,结果表明微博准社会交往具有三个维度,即认知反应、情感反应和行为反应。其中认知反应包含对人物的关注、对人物评价和对人物与自己联系的评估;情感反应包含好恶感和情感移入;行为反应包含语言行为和行为意图。本章将在上述访谈研究结果的基础上,编制微博积极准社会交往量表,用经验数据进一步检验微博积极准社会交往的理论结构。本研究将主要由以下几个部分构成:

(1)在访谈研究结果的基础上,编制微博积极准社会交往初测量表;

(2)以微博积极准社会交往初测量表作为工具,对微博积极准社会交往的理论结构进行探索性研究;

(3)以探索性研究的基础上形成的微博积极准社会交往量表为工具,对微博积极准社会交往的理论结构进行验证性研究;

（4）微博积极准社会交往量表的信度和效度检验。

第一节　微博积极准社会交往问卷的编制

本研究通过对 20 名在读大学生微博使用者的现场访谈，采用内容分析方法收集到与微博准社会交往相关的七个方面的行为表现特征，即对人物的关注、对人物评价、对人物与自己联系的评估、好恶感、情感移入、语言行为和行为意图。问卷中大部分的项目均在上述 7 类行为表现特征的基础上设计而成。由于积极准社会交往在认知反应方面表现为受众对媒介角色的认同，在情感反应方面表现为受众对媒介角色的亲近与喜欢，在行为反应方面表现为对媒介角色的趋近和对话，因此在编码观测指标内容时，7 类行为反应的观测指标指向认同、喜好及趋近等意义范围。另外，访谈研究所得到的信息内容，并不能保证将所有的微博积极准社会交往表现都收集全面，为了尽可能多地收集微博积极准社会交往上的特征，我们也适当地吸收了国内外学者的观点和项目，经过两方面整合，形成了一个微博积极准社会交往量表的初稿。

在编制微博积极准社会交往初测量表的过程中，我们对量表中的项目进行了两次修订。在第一次修订中，我们邀请五位具有丰富量表编制经验的研究专家和五位新媒介方向研究者，对量表项目的设计进行审定和修改，根据审定和修改的结果，我们对量表中的部分项目的设计进行了第一次的修改；在第二次的修订中，我们用在前一次修改基础上形成的量表在一所高校大学生内进行了小规模的预试，发放量表60份，回收60份。我们主要采用项目分析的方法对回收的数据进行了分析，删除了部分鉴别度较低的项目，最后确定微博积极准社会交往初测量表的项目为22个，量表的具体内容见附录二。

微博积极准社会交往初测量表包括22个项目，所有项目均采用利克特量表法设计成5个评价等级，即1（完全不符合）、2（比较不符合）、3（一半对一半）、4（比较符合）、5（完全符合）。

第二节 微博积极准社会交往理论结构的探索性研究

一、研究取样

本研究样本主要来自杭州三所高校的在读本科生。本次调查总共发放问卷600份，回收有效问卷474份，有效率79%。从474份有效问卷中，我们随机抽取其中237份问卷的数据用于本次探索性因素分析研究，被试的基本情况见表6.1。

表6.1 探索性因素分析样本被试基本情况一览（$n=237$）

人口统计学变量	类别	人数	百分比（%）
性别	男	55	23.2%
	女	182	76.8%

续表

人口统计学变量	类别	人数	百分比（%）
年龄	20 岁以下	62	26.2%
	20~22 岁	169	71.8%
	23 岁及以上	6	2%
平均每天上网时间	1 小时以内	5	2.1%
	1~3 小时	76	32.1%
	3~5 小时	93	39.2%
	5~7 小时	49	20.7%
	7 小时以上	10	4.2%
	缺少	4	1.7%
总计		237	100%

二、研究方法

我们运用探索性因素分析方法，对微博积极准社会交往的理论结构进行分析。分析的工具主要是社会科学统计软件包 SPSS19.0。

三、结果与分析

我们首先使用项目分析法来考察问卷中各项目的鉴别度，然后运用探索性因素分析方法，对初测量表的项目进行再次筛选，以最终确定量表的结构。

（一）项目分析结果

项目分析的主要目的在于求出量表中各个项目的临界比率值 CR

值，将其中未达显著水平的题项删除（吴明隆，2001）。

项目分析的结果如表6.2所示。项目分析结果表明，量表中有三个项目T9、T10、T13，由于其高低组间差异没有达到显著值，也就是说它们不能鉴别出不同被试者的反应，所以就将它们删除。

表6.2 微博积极准社会交往初测量表的项目分析结果（$n=237$）

项目	t 值	自由度	p 值
T1	-9.90	154	<0.001
T2	-10.75	154	<0.001
T3	-10.90	154	<0.001
T4	-9.58	154	<0.001
T5	-6.84	154	<0.001
T6	-5.91	154	<0.001
T7	-7.71	154	<0.001
T8	-4.98	154	<0.001
T9	-0.97	154	0.358
T10	-0.90	154	0.368
T11	-9.26	154	<0.001
T12	-3.58	154	0.001
T13	-0.70	154	0.483
T14	-5.70	154	<0.001
T15	-6.31	154	<0.001
T16	-10.25	154	<0.001
T17	-5.04	154	<0.001
T18	-9.51	154	<0.001
T19	-13.82	154	<0.001
T20	-8.73	154	<0.001

续表

项目	t 值	自由度	p 值
T21	-10.20	154	<0.001
T22	-9.33	154	<0.001

(二) 因素分析结果

在上述项目分析结果的基础上,我们对量表中剩余的19个项目作了探索性因素分析,我们采用主成分方法进行因子的抽取,所抽取的因子其特征值应该大于1,并用最大方差法对因子结构进行旋转。

因素分析过程中,我们对项目筛选的原则是:参照因素分析的结果,按项目共同度的大小,选取因素共同度高、因素负荷高的项目,删去因素共同度低、因素负荷小的项目;此外,我们还参照因素分析结果中的因素结构图,选取结构好的项目,调整或删去含义不明确、有歧义的项目。

因素分析之前,首先要检验样本的数据是否适合进行因素分析,其判断的指标主要有两个,即KMO值和Bartlett's球形检验的卡方值(张文彤,2004,P218~226)。KMO值用于检验变量间的偏相关性,取值在0~1之间,KMO值越接近1,表明变量间的偏相关性越强,则因素分析的效果越好,一般来说,如果KMO值低于0.5,则表明不适合做因素分析,如果KMO值在0.8以上,则表明适合做因素分析;Bartlett's球形检验主要是考察各变量间是否相互独立,卡方值显著,则表明应该拒绝各变量独立的假设,即表明各变量间具有相关性,则适合做因素分析,否则,则不适合。数据分析结果表明,本问卷的

KMO 值达到 0.912，而 Bartlett's 球形检验结果也表明卡方值达到显著水平（<0.001），这表明，本研究的样本数据适合做因素分析。

根据第一次因素分析的结果，我们参照项目筛选的原则，对于可抽取的公共因素方差较低、因素负荷也较低的项目进行了有选择性地筛除，问卷项目中 T11 由于其共同度较低而被筛除。第一次因素分析后各项目可抽取的公共因素方差见表 6.3。

表 6.3 微博积极准社会交往初测量表第一次因素分析各项目可抽取的公共因素方差（$n=237$）

项目	抽取的公共因素方差
T1	0.510
T2	0.462
T3	0.573
T4	0.686
T5	0.469
T6	0.534
T7	0.565
T8	0.544
T11	0.157
T12	0.584
T14	0.710
T15	0.734
T16	0.805
T17	0.754
T18	0.732
T19	0.598
T20	0.799

续表

项目	抽取的公共因素方差
T21	0.862
T22	0.771

在第一次因素分析的基础上,我们对剩余的18个项目进行了第二次因素分析,因素分析结果表明,除了项目T19之外,其余项目的抽取的共同度和因素负荷都达到可接受的要求,而且结果具有呈现出清晰的三因素结构,可解释变异总量达到65.207%,分析结果见表6.4。

表6.4 微博积极准社会交往初测量表第二次探索性

因素分析结果（$n=237$）

项目	因素1	因素2	因素3
T1	0.575	0.403	0.151
T2	0.574	0.201	0.305
T3	0.683	0.184	0.288
T4	0.744	0.231	0.283
T5	0.580	-0.026	0.337
T6	0.702	0.219	0.049
T7	0.661	0.292	0.219
T8	0.679	0.244	-0.025
T12	0.535	0.229	0.351
T14	0.282	0.643	0.463
T15	0.265	0.742	0.335
T16	0.081	0.872	0.198
T17	0.278	0.793	0.216
T18	0.375	0.752	0.164
T19	0.481	0.574	0.209

续表

项目	因素1	因素2	因素3
T20	0.240	0.355	0.783
T21	0.204	0.322	0.852
T22	0.285	0.234	0.800
特征值	8.242	1.637	1.207
可解释的变异量	48.481%	9.627%	7.099%
累加可解释变异总量	48.481%	58.108%	65.207%

筛除 T19 项目后,我们进行了第三次因素分析,结果表明,不但各项目的共同度和因素负荷都达到可接受的水平,而且结果呈现出清晰的三因素结构,可解释的变异总量由原来的 65.207% 提高为 65.895%,这说明筛除 T19 是合适的,分析结果见表6.5。

表6.5 微博积极准社会交往初测量表第三次探索性因素分析结果（$n=237$）

项目	因素1	因素2	因素3
T1	0.584	0.404	0.145
T2	0.580	0.211	0.288
T3	0.689	0.191	0.276
T4	0.746	0.222	0.286
T5	0.580	-0.029	0.339
T6	0.700	0.191	0.071
T7	0.669	0.293	0.214
T8	0.687	0.243	-0.028
T12	0.530	0.204	0.373
T14	0.289	0.642	0.460
T15	0.281	0.758	0.319
T16	0.102	0.892	0.181

续表

项目	因素 1	因素 2	因素 3
T17	0.290	0.791	0.218
T18	0.374	0.715	0.191
T20	0.241	0.354	0.784
T21	0.203	0.318	0.855
T22	0.281	0.225	0.807
因素命名	积极认知卷入	积极情感卷入	积极行为卷入
特征值	7.724	1.634	1.185
可解释的变异量	48.277%	10.213%	7.404%
累加可解释变异总量	48.277%	58.490%	65.895%
内部一致性系数（α 系数）	0.865	0.906	0.900

为了对上述三因素进行命名，分别考察因素 1、因素 2 和因素 3 内各项目的内容，结果表明：因素 1 所有项目的内容均表现为受众对微博人物积极的认知，包括关注相关信息，理解他们的表现，对他们进行评价以及建立与自己的联系等，故将因素 1 命名为积极认知卷入；因素 2 所有项目的内容均表现为受众对微博人物的亲近与喜好，以及移情或情感共鸣，因此将因素 2 命名为积极情感卷入；因素 3 所有项目内容均表现为受众对微博人物的趋近及意图对话，因此将因素 3 命名为积极行为卷入。此外，还对各因素内项目的内部一致性系数进行了考察，结果表明三个因素上的 α 系数远高于 0.8 的可接受水平。

四、小结

根据以上探索性研究结果，微博积极准社会交往的理论结构主要由三个维度构成，即积极认知卷入、积极情感卷入和积极行为卷入。对微博积极准社会交往探索性研究结果与我们根据访谈研究结果做出的假设非常符合，由此本研究的假设得到了有力的验证。

经过探索性研究，我们不但探索了微博积极准社会交往的结构，而且也初步完成了微博积极准社会交往量表的编制。为了进一步验证微博积极准社会交往的理论结构的合理性，同时也为了保证微博积极准社会交往量表的信度和效度，我们认为有必要采用验证性因素分析方法对微博积极准社会交往的理论结构做进一步验证。

第三节 微博积极准社会交往理论结构的验证性研究

一、研究目的

以上探索性因素分析结果表明，微博积极准社会交往的理论结构包括三个维度，即积极认知卷入、积极情感卷入和积极行为卷入。微博积极准社会交往量表共包括16个项目，问卷详见附录二。但是这个结果只是一个初步结构，这个理论构想模型是否存在，是否比单维模型更好，还需要对其进行再检验，也就是说，我们还需要通过验证性因素分析来检验理论或构想模型的正确性和优越性。

二、研究假设

根据探索性因素分析的结果，我们假设微博积极准社会交往最理想的理论结构为三因素结构。此外，我们引入微博积极准社会交往的单因素结构作为与三因素结构进行比较的竞争模型。

微博积极准社会交往三因素模型，模型结构图如图 6.1 所示。

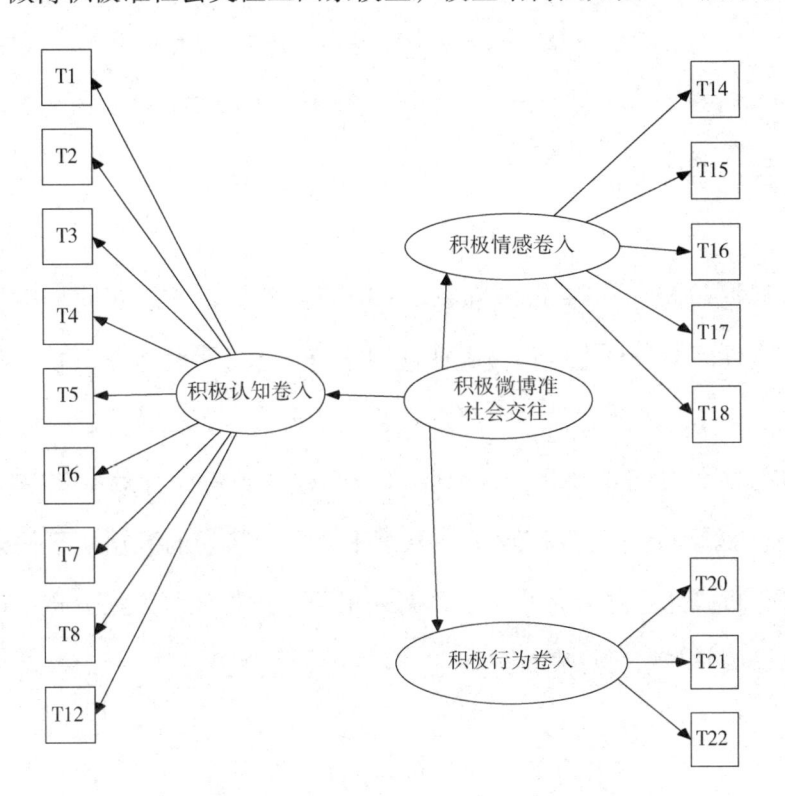

图 6.1 微博积极准社会交往三因素模型图

微博积极准社会交往单因素模型，模型结构图如图 6.2 所示。

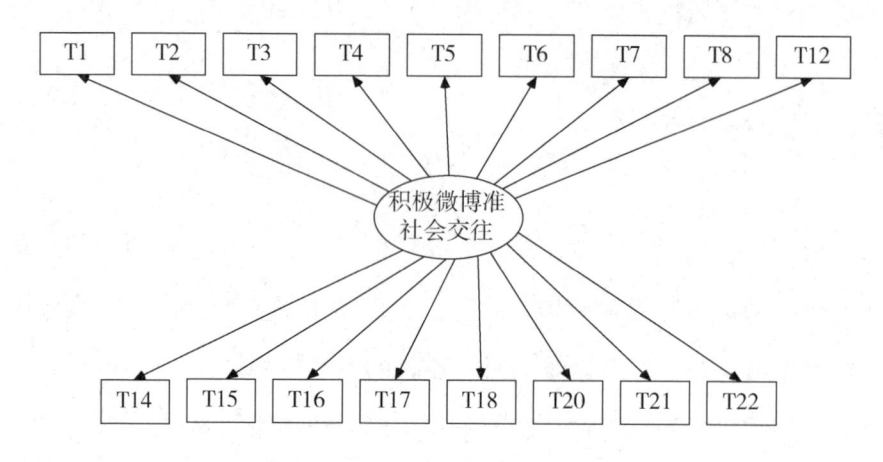

图 6.2　微博积极准社会交往单因素模型图

三、研究取样

根据 SEM（Structural Equation Model）理论，不能对同一数据在做探索性因素分析之后再做验证性因素分析，验证性因素分析必须重新抽取样本。本研究样本主要来自杭州三所高校的在读本科生。本次调查总共发放问卷 600 份，回收有效问卷 474 份，有效率 79%。从 474 份有效问卷中，我们随机抽取其中 237 份问卷的数据用于探索性因素分析研究，剩余的另一半数据则用于本次验证性因素分析。样本中被试的基本情况见表 6.6。

表6.6 验证性因素分析样本被试基本情况一览（$n=237$）

人口统计学变量	类别	人数	百分比（%）
性别	男	70	29.5%
	女	167	70.5%
年龄	20岁以下	72	30.4%
	20~22岁	160	67.5%
	23岁及以上	5	2.1%
平均每天上网时间	1小时以内	8	3.3%
	1~3小时	90	37.9%
	3~5小时	95	40.1%
	5~7小时	35	14.8%
	7小时以上	13	5.5%
总计		237	100%

四、研究方法

我们运用验证性因素分析方法，对微博积极准社会交往的理论结构进行分析。分析的工具主要是AMOS5.0统计软件。

与传统统计方法相比，验证性因素分析的一个最大特点是在允许测量误差的情况下，对观测变量和潜变量以及潜变量与潜变量间的关系进行分析。由于验证性因素分析考虑了误差，因而常用于一些难以直接观察的社会、心理现象之间的关系分析。根据SEM理论，对模型进行分析比较主要参考三个方面的指标（侯杰泰，2004，P154~165）：

（1）绝对拟合指数。绝对拟合指数是将理论模型与饱和模型比较得到的一个统计量，其主要包括：χ^2/df，一般认为 $\chi^2/df<3$，表明整体模型拟合比较好，$\chi^2/df>5$，表明拟合很差；近似误差均方根 RMSEA，一般认为，RMSEA < 0.1，表明模型拟合比较好，RMSEA < 0.05，表明模型拟合非常好；拟合优度指数 GFI 和 AGFI，一般认为，GFI 和 AGFI 值越接近 1，表明整体模型拟合度越好；信息指数 AIC、CAIC 和 ECVI，信息指数主要是对某个特定样本，基于样本差距来比较多个可能模型，信息指数越小，模型越简洁且拟合越好。

（2）相对拟合指数。相对拟合指数是将理论模型与基准模型比较得到的统计量，一般情况下，用虚模型作为基准模型，其主要包括：拟合指数 NNFI 和 NFI，一般认为 NNFI 和 NFI > 0.9 以上，可以认为模型拟合较好；拟合指数 CFI，一般认为 CFI > 0.9 表明模型拟合好。

（3）简约拟合指数 PNFI 和 PGFI。PNFI 和 PGFI 都是用来对几种理论模型进行比较时衡量的统计量。对几种理论模型的 PNFI 和 PGFI 的值进行横向比较时，如果 FNFI 和 PGFI 的值越高，则说明该理论模型越节省，同时也说明该理论模型与其他理论模型相比更为理想。

五、结果与分析

我们用 AMOS7.0 统计软件分别对上述假设中的理想模型与竞争模型进行了验证性因素分析，并对两个模型的拟合指数进行了比较。

（一）对微博积极准社会交往三因素模型的验证性因素分析

我们首先对假设中的理想模型进行了验证性因素分析，结果如图

6.3和表6.7所示。表6.7的结果表明，微博积极准社会交往三因素模型是一个好模型，其χ^2/df仅为2.98，NFI和CFI均超过0.85，达到比较让人满意的水平，模型的近似误差均方根RMSEA为0.09，小于0.1，达到可接受的水平。根据上述拟合指标，我们认为微博积极准社会交往三因素模型是一个比较令人满意的模型。

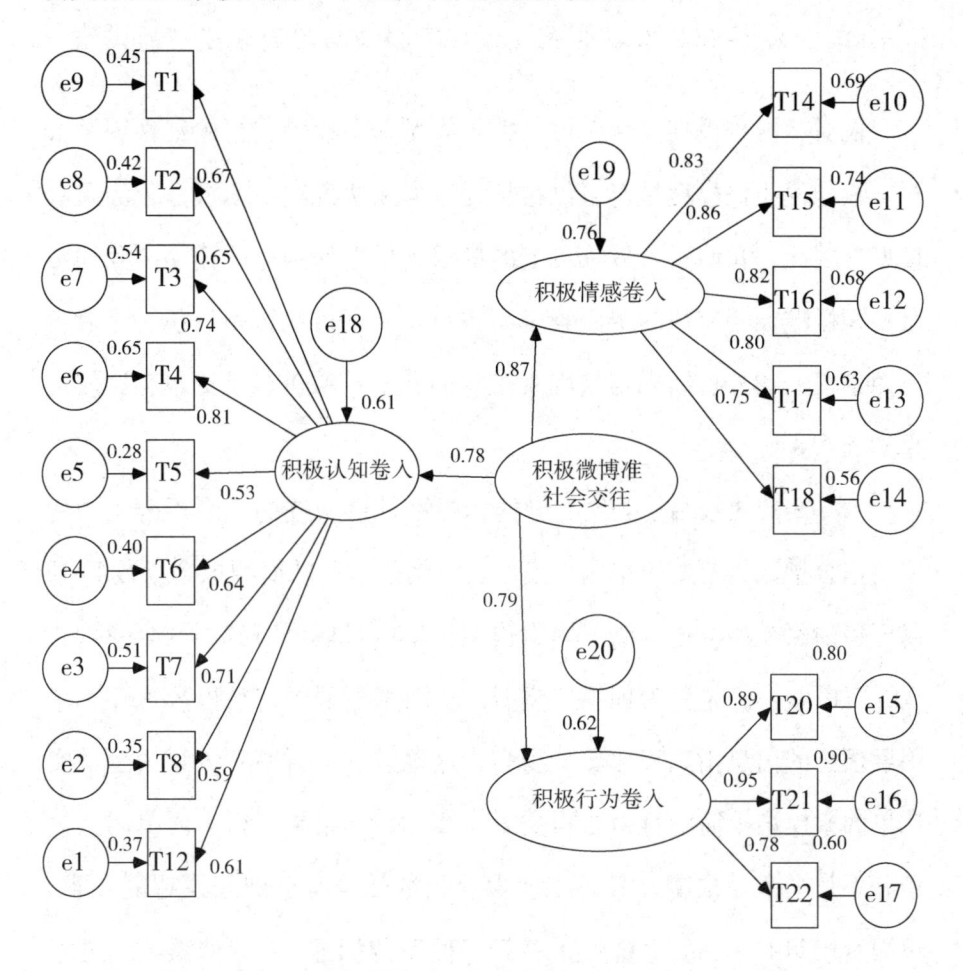

图6.3 微博积极准社会交往三因素结构模型验证性因素分析结果

表 6.7 微博积极准社会交往三因素模型各拟合指标（$n=237$）

χ^2/df	RMSEA	IFI	TLI	NFI	CFI
2.981	0.092	0.907	0.890	0.866	0.906

（二）微博积极准社会交往三因素模型与单因素模型的比较

仅对微博积极准社会交往三因素模型单个模型进行验证性因素分析，只能说明该模型是否可以被接受，但无法说明该模型是否为最佳模型。因此，我们引入另一可能的单因素模型作为竞争模型。我们对微博积极准社会交往的单因素模型进行了验证性的因素分析，然后将三因素模型的分析结果与单因素模型的分析结果进行了比较，比较结果如表 6.8 所示。

表 6.8 的比较结果表明，微博积极准社会交往的三因素模型中各主要拟合指数均要好于单因素模型。三因素模型的简约拟合指数 PNFI 高于单因素模型，这说明三因素模型比单因素模型节省，两个模型相比，三因素模型是更为理想的模型；三因素模型的信息指数 AIC 和单因素模型的信息指数相比要低得多，这也进一步说明三因素模型确实比单因素模型更简洁且拟合得更好。实际上，结果分析表明单因素模型并不是一个好模型，其各主要拟合指数均没有达到好模型的要求，单因素模型的 χ^2/df 值 6.91，高于好模型的标准 3；近似误差均方根 RMSEA 为 0.15，超过了可接受的 0.1 标准，且 NFI 和 CFI 等主要拟合指数均没有达到 0.85 的标准。

表 6.8　微博积极准社会交往三因素模型与单因素模型各拟合指数比较分析表（$n=237$）

模型	χ^2/df	RMSEA	IFI	NFI	CFI	PNFI	AIC
三因素	2.98	0.07	0.90	0.87	0.91	0.74	453.85
单因素	6.91	0.15	0.71	0.68	0.71	0.59	1042.31

根据上述的分析结果，我们认为微博积极准社会交往三因素模型是较理想的模型，我们验证性研究的假设得到实证数据的有力支持。

六、小结

访谈研究和探索性研究均表明，微博积极准社会交往的理论结构是比较清晰的三因素，它主要包括积极认知卷入、积极情感卷入和积极行为卷入。验证性因素分析的结果支持了在上述研究基础上做出的理论假设。此外，在验证性研究中，我们还进一步证明了微博积极准社会交往的三因素模型是一比较理想的模型。

第四节　微博积极准社会交往量表的信度和效度分析

要使微博积极准社会交往量表在实际研究中成为测量微博积极准社会交往有效而可靠的测量工具，那么还需要对该量表的有效性和可靠性进行更严格的检验，为此，有必要对微博积极准社会交往量表的信度和效度做进一步的检验。

一、信度分析

我们采用的信度指标主要是 Cronbach 内部一致性信度系数。微博积极准社会交往总量表及各分量表的信度指标见表6.9，我们可以发现，微博积极准社会交往总量表的内部一致性系数达到0.923，各分量表的内部一致性系数也超过0.85，由此表明，微博积极准社会交往测量问卷具有很好的信度。

表6.9 微博积极准社会交往测量问卷及各分问卷的

内部一致性系数（$n=237$）

信度指标	积极认知卷入分量表	积极情感卷入分量表	积极行为卷入	微博积极准社会交往总量表
Crobach 内部一致性系数	0.878	0.903	0.905	0.923

二、效度分析

由于用于评估效度的指标较多，各个效度指标评估的方面各有侧重。结合本研究的内容和条件，我们选取结构效度、内容效度作为评估效度的指标。结构效度侧重于评估问卷设计与理论构思相符的程度，内容效度主要用于检验问卷项目用于测量所需要信息有效性的评价。

(一) 结构效度分析

微博积极准社会交往量表的结构效度可以从以下三个方面来鉴定：

（1）内部一致性系数结果。表6.9中的分析结果表明，三个分量表的内部一致性系数都很高，说明量表内部的一致性较好，这也为结构效度提供了有力的支持。

（2）探索性因素分析的结果。本研究对微博积极准社会交往量表的17个项目进行了探索性因素分析，得到良好的三因素结构模型，与研究假设非常拟合，这样微博积极准社会交往量表的结构效度也得到了较好的证明。

（3）验证性因素分析的结果。本研究在探索性因素分析的基础上，用新的调查数据对三因素结构模型进行了验证，结果表明，微博积极准社会交往的三因素结构模型拟合良好，这也再一次证明了微博积极准社会交往量表具有较好的结构效度。

从以上三个方面，我们证明了微博积极准社会交往量表具有良好的结构效度。

(二) 内容效度分析

首先，我们量表的内容基本上源于现场的访谈资料，量表内容基本上能够反映微博用户的实际使用行为。其次，在量表的修订过程中，我们邀请新媒体研究专家和五位微博用户对量表的内容进行审定，同时又以微博用户进行预试和数据处理分析，最终形成了本研究的初测量表。基于以上两个方面的审慎考虑，我们认为本量表也具有较好的内容效度。

第五节 研究总结

我们根据访谈研究所获取的资料，同时结合已有的准社会交往研究成果，编制了微博积极准社会交往量表，并对量表的结构进行一系列的分析。

探索性因素分析的结果表明，微博积极准社会交往包括三个维度，即积极认知卷入、积极情感卷入和积极行为卷入。这一结果与在访谈研究基础上形成的研究假设基本一致。随后，我们进一步用验证性因素分析检验三因素结构模型的优越性，检验结果表明，微博积极准社会交往三因素结构模型是所有可能的理论模型中最理想的模型。因此，我们认为微博积极准社会交往是一个三因素的理论结构，它由受众对微博人物产生的三种不同类型积极交往反应构成，即积极认知卷入、积极情感卷入和积极行为卷入。

我们的这一结果与以往的准社会交往研究成果基本上是一致的。Schramm（2008）在总结以往准社会交往测量工具的基础上，提出了准社会交往三因素模型。他认为，准社会交往应该是一个多维的结构模型，并且这一多维结构模型在不同媒介情境条件下都是适用的。本研究所涉及的微博情境是以往研究未曾涉及的，我们借鉴 Schramm（2008）提出的准社会交往三维模型，并从交往的关系属性出发，提出微博积极准社会交往和微博消极准社会交往的理论构思。本研究探讨的微博积极准社会交往，从访谈和数据验证结果来看，同样呈现清晰的三因素结构。本研究的结果进一步验证了 Schramm（2008）提出的跨情境准社会交往理论模型。本研究结果的意义在于，将 Schramm（2008）的理论模型拓展到微博平台的准社会交往之中，并得到很好的检验。

使用群体可能与一般微博使用者存在某些方面的差异，因此本研究的成果能否推广到一般微博使用者群体还有待进一步研究的检验。

第七章

微博消极准社会交往

通过对准社会交往研究文献的综述，本研究认为持久性的准社会交往本质是受众对其与媒介角色之间的关系的心理表征，克里姆特（2006）将其称之为心理关系图式（mental relational schema）。这种关系图式有可能是积极的，也可能是消极的。在本研究中，我们将这种受众对媒介角色经由准社会交往形成的一种积极心理关系图式，称之为积极准社会交往，而将受众对媒介角色经由准社会交往形成的消极心理关系图式，称之为消极准社会交往。消极准社会交往是一种基于消极情感（如厌恶、憎恨等）的关系表征，从认知上说，受众对其所关注的媒介角色无法形成认同，从行为上表现为讥讽甚至嘲笑媒介角色。本章节中，我们将以微博作为考察的媒介平台，探讨基于微博的消极准社会交往（统一简称为微博消极准社会交往）的理论结构，并开发相关的测量工具。

本研究认为，无论是积极准社会交往还是消极准社会交往均存在认知、情感和行为三个不同层次的反应，其区别主要在于反应的具体指向，即认知是认同还是否定、情感是喜好还是厌恶，行为是模仿、对话还是不在意、忽视。对微博消极准社会交往理论结构的探索以及测量工具开发，仍然将参照访谈研究中所获得的相关资料进行。因此本章研究将主要由以下几个部分构成：

（1）在访谈研究结果的基础上，编制微博消极准社会交往初测量表；

（2）以微博消极准社会交往初测量表作为工具，对微博消极准社会交往的理论结构进行探索性研究；

（3）以在探索性研究的基础上形成的微博消极准社会交往量表为工具，对微博消极准社会交往量表的理论结构进行验证性研究；

（4）微博消极准社会交往量表的信度和效度检验。

第一节　微博消极准社会交往量表的编制

本研究通过对 20 名在读大学生微博使用者的现场访谈，采用内容分析方法收集到与微博准社会交往相关的七个方面的行为表现特征，即对人物的关注、对人物的评价、对人物与自己联系的评估、好恶感、情感移入、语言行为和行为意图。问卷中大部分的项目均在上述 7 类行为表现特征的基础上设计而成。由于消极准社会交往在认知反应方面表现为受众对媒介角色的否定，在情感反应方面表现为受众对媒介角色的厌恶，在行为反应方面表现为对媒介角色的不在意甚至有意忽视，因此在编码观测指标内容时，7 类行为反应的观测指标指向否定、厌恶及不在意等意义范围。基于访谈资料及上述理论框架，形成了本研究微博消极准社会交往量表的初稿。

在编制微博消极准社会交往初测量表的过程中,我们对量表中的项目进行了二次修订。在第一次修订中,我们邀请五位具有丰富量表编制经验的研究专家和五位新媒体方向研究者,对量表项目的设计进行审定和修改,根据审定和修改的结果,我们对量表中的部分项目的设计进行了第一次的修改;在第二次的修订中,我们用在前一次修改基础上形成的量表在一所高校大学生内进行了小规模的预试,发放量表60份,回收60份。我们主要采用项目分析的方法对回收的数据进行了分析,删除了部分鉴别度较低的项目,最后确定微博消极准社会交往初测量表的项目为21个,量表的具体内容见表7.1及附录二。

微博消极准社会交往初测量表包括21个项目,所有项目均采用利克特量表法设计成5个评价等级,即1(完全不符合)、2(比较不符合)、3(一半对一半)、4(比较符合)、5(完全符合)。

表7.1 微博消极准社会交往初测量表

序号	对您所关注但不喜欢的媒介人物的看法
T1	我对他(她)的微博空间比较熟悉
T2	他(她)的微博给我留下了一些特别印象
T3	我绝对不会认同他(她)在微博空间的表现
T4	我绝对不会经历与他(她)在微博中所说的类似的处境
T5	我对他(她)在微博中接下来会发什么信息几乎没有期待
T6	我几乎没有猜测过他(她)以后会遇到什么事情
T7	我觉得他(她)在微博发表或转发的信息内容没有任何价值
T8	他(她)在我的记忆中有着比较清晰的形象
T9	我觉得自己很难用正常的方式评价他(她)的表现

续表

序号	对您所关注但不喜欢的媒介人物的看法
T10	我觉得没有必要对他（她）有自己的看法
T11	他（她）在微博上发表的内容会刺激我
T12	我从未想过他（她）是否和我有什么关系
T13	我曾经有过非常看不起他（她）的时刻
T14	我对他（她）更多的是负面印象
T15	我总是非常幸灾乐祸地期待着他（她）会遇到什么倒霉的事情
T16	我希望他（她）为他（她）说过的话或者做过的事情受到"相应的处罚"
T17	我觉得他（她）在微博中表达的情绪很难感染到我
T18	他（她）在微博中发表的内容会引起我情绪上不快的反应
T19	我很想有机会当面向他（她）表达我的不满
T20	我真觉得应该有人站出来批评他（她）
T21	我感觉应该做点什么让他（她）意识到自己的问题

第二节 微博消极准社会交往理论结构的探索性研究

一、研究取样情况

本研究样本主要来自杭州三所高校的在读本科生。本次调查总共发放问卷600份，回收有效问卷432份，有效率72%。从432份有效问卷中，我们随机抽取其中216份问卷的数据用于本次探索性因素分析研究，被试的基本情况见表7.2。

表 7.2 探索性因素分析样本被试基本情况一览（$n=216$）

人口统计学变量	类别	人数	百分比（%）
性别	男	54	25%
	女	162	75%
年龄	20 岁以下	64	29.6%
	20~22 岁	130	60.2%
	23 岁及以上	22	10.2%
平均每天上网时间	1 小时以内	2	0.9%
	1~3 小时	72	33.3%
	3~5 小时	96	44.4%
	5~7 小时	38	17.6%
	7 小时以上	8	3.7%
总计		216	100%

二、研究方法

我们运用探索性因素分析方法，对微博消极准社会交往的理论结构进行分析。分析的工具主要是社会科学统计软件包 SPSS19.5。

三、结果与分析

我们首先使用项目分析法来鉴别微博消极准社会交往初测量表中各项目的鉴别度，在此基础上，运用探索性因素分析方法，对初测量表的项目进行再次筛选，以最终确定量表应该保留的项目。

(一) 项目分析结果

项目分析的结果如表 7.3 所示。项目分析结果表明，问卷中有三个项目 T8，T9，T11，其高低组间没有显著差异，也就是说它们不能鉴别出不同被试者的反应，所以应予删除。

表 7.3 微博消极准社会交往初测量表的项目分析结果（$n=216$）

项目	t 值	自由度	p 值
T1	-10.104	110	<0.001
T2	-14.052	138	<0.001
T3	-15.269	115	<0.001
T4	-15.463	138	<0.001
T5	-12.911	112	<0.001
T6	-13.359	138	<0.001
T7	-12.079	116	<0.001
T8	-1.59	138	0.114
T9	-0.145	113	0.885
T10	-11.425	112.174	<0.001
T11	-0.82	138	0.409
T12	-11.343	122	<0.001
T13	-6.762	138	<0.001
T14	-7.509	138	<0.001
T15	-4.146	133	<0.001
T16	-6.150	138	<0.001
T17	-10.948	126	<0.001
T18	-12.798	138	<0.001
T19	-9.820	121	<0.001
T20	-12.369	119	<0.001
T21	-13.129	108	<0.001

(二) 因素分析结果

在上述项目分析结果的基础上，我们对量表中剩余的 18 个项目做了探索性因素分析，我们采用主成分方法进行因子的抽取，所抽取的因子其特征值应该大于 1，并用最大方差法对因子结构进行旋转。

因素分析过程中，我们对项目筛选的原则是：参照因素分析的结果，按项目共同度的大小，选取因素共同度高、因素负荷高的项目，删去因素共同度低、因素负荷小的项目；此外，我们还参照因素分析结果中的因素结构图，选取结构好的项目，调整或删去含义不明确、有歧义的项目。

因素分析之前，首先要检验样本的数据是否适合进行因素分析，其判断的指标主要有两个，即 KMO 值和 Bartlett's 球形检验的卡方值（张文彤，2004，P218～226）。KMO 值用于检验变量间的偏相关性，取值在 0～1 之间，KMO 值越接近 1，表明变量间的偏相关性越强，则因素分析的效果越好，一般来说，如果 KMO 值低于 0.5，则表明不适合做因素分析，如果 KMO 值在 0.8 以上，则表明适合做因素分析；Bartlett's 球形检验主要是考察各变量间是否相互独立，卡方值显著，则表明应该拒绝各变量独立的假设，即表明各变量间具有相关性，则适合做因素分析，否则，则不适合。数据分析结果表明，本问卷的 KMO 值达到 0.916，而 Bartlett's 球形检验结果也表明卡方值达到显著水平（<0.001），这表明，本研究的样本数据适合做因素分析。

根据第一次因素分析的结果，我们参照项目筛选的原则，对于可抽取的公共因素方差较低、因素负荷也较低的项目进行了有选择性的筛除，问卷项目中T10由于其共同度较低而被筛除。第一次因素分析后各项目可抽取的公共因素方差见表7.4。

表7.4 微博消极准社会交往初测量表第一次因素分析后各项目可抽取的公共因素方差（$n=216$）

项目	抽取的公共因素方差
T1	0.563
T2	0.704
T3	0.732
T4	0.789
T5	0.713
T6	0.714
T7	0.706
T10	0.246
T12	0.662
T13	0.748
T14	0.774
T15	0.754
T16	0.812
T17	0.612
T18	0.705
T19	0.759
T20	0.810
T21	0.829

在第一次因素分析的基础上，我们对剩余的17个项目进行了第二次因素分析，因素分析结果表明，所有项目的共同度和因素负荷都达到可接受的要求，而且结果呈现出清晰的三因素结构。项目T17和

T18 由于同时在两个因素上都具有较高的负荷，因此，我们尝试将其删除以观察可解释的变异总量是否有提高。第二次因素分析后，三个因素可解释变异总量达到 73.155%，分析结果见表 7.5。

表 7.5 微博消极准社会交往初测量表第二次因素分析结果（$n=216$）

项目	因素 1	因素 2	因素 3
T1	0.719	0.211	0.042
T2	0.796	0.275	0.021
T3	0.817	0.133	0.218
T4	0.854	0.226	0.110
T5	0.812	0.222	0.037
T6	0.801	0.253	0.104
T7	0.805	0.234	0.007
T12	0.750	0.325	-0.038
T13	0.111	0.135	0.853
T14	0.107	0.242	0.841
T15	-0.027	0.115	0.854
T16	0.044	0.166	0.883
T17	0.323	0.613	0.373
T18	0.434	0.697	0.181
T19	0.248	0.825	0.184
T20	0.271	0.852	0.154
T21	0.336	0.823	0.185
特征值	8.065	3.014	1.358
可解释的变异量	47.438%	17.727%	7.990%
累加可解释变异总量	47.438%	65.165%	73.155%

筛除 T17 和 T18 后，我们进行了第三次因素分析，结果表明，不

但各项目的共同度和因素负荷都达到可接受的水平，而且结果呈现出更清晰的三因素结构，可解释的变异总量由原来的 73.155% 提高为 74.955%，这说明筛除 T17 和 T18 是合适的，分析结果见表 7.6。

为了对上述三因素进行命名，我们分别考察因素 1、因素 2 和因素 3 内各项目的内容，结果表明，因素 1 所有项目的内容均表现为受众对微博人物消极的认知，受众虽然保持对媒介角色相关信息的关注，但并不认同他们发表的内容及表现，同时并不会主动与相关媒介角色建立与自己的联系，故将因素 1 命名为消极认知卷入；因素 2 所有项目的内容均表现为受众对微博人物的幸灾乐祸的情感反应，因此将因素 2 命名为消极情感卷入；因素 3 所有项目内容均表现为受众对微博人物的不满及批评，因此将因素 3 命名为消极行为卷入。此外，我们还对各因素内项目的内部一致性系数进行了考察，结果表明三个因素上的 α 系数远高于 0.9 的可接受水平。

表 7.6 微博消极准社会交往初测量表第三次因素分析结果（$n=216$）

项目	因素 1	因素 2	因素 3
T1	0.732	0.043	0.166
T2	0.808	0.028	0.240
T3	0.824	0.217	0.081
T4	0.862	0.114	0.193
T5	0.822	0.039	0.185
T6	0.811	0.109	0.218
T7	0.812	0.011	0.217
T12	0.764	−0.027	0.290
T13	0.122	0.859	0.090

续表

项目	因素1	因素2	因素3
T14	0.122	0.848	0.209
T15	−0.023	0.860	0.102
T16	0.053	0.887	0.146
T19	0.283	0.212	0.832
T20	0.306	0.183	0.863
T21	0.313	0.212	0.816
因素命名	消极认知卷入	消极情感卷入	消极行为卷入
特征值	7.045	2.945	1.253
可解释的变异量	46.966%	19.635%	8.345%
累加可解释变异总量	46.966%	66.601%	74.955%
内部一致性系数（α系数）	0.936	0.901	0.911

四、小结

根据以上探索性研究结果，微博消极准社会交往的理论结构是由三个维度构成，即消极认知卷入、消极情感卷入和消极行为卷入。探索性研究的这一结果与我们在访谈结果基础上归纳得出的假设相符，因此，探索性研究的假设得到调查数据很好的验证。

经过探索性因素分析研究，我们不但对微博消极准社会交往的理论结构进行了初步探索，而且也初步完成了微博消极准社会交往量表的编制，但为了进一步验证微博消极准社会交往三维度理论结构的合理性，同时也为了保证微博消极准社会交往测量问卷的信度和效度，我们认为有必要在探索性研究的基础上,对微博消极准社会交往的理论结构做进一步的验证性研究。

第三节 微博消极准社会交往理论结构的验证性研究

一、研究目的

以上探索性因素分析结果表明,微博消极准社会交往的理论结构包括三个维度,即消极认知卷入、消极情感卷入和消极行为卷入。微博积极准社会交往量表共包括 16 个项目,问卷详见附录二。但这个结果是通过探索性研究而得到的初步结构,这个理论构想模型是否存在,是否比单维模型更好,还需要对其进行再检验,也就是说,我们还需要通过验证性因素分析来检验该理论模型的正确性和优越性。

二、研究假设

根据探索性因素分析的结果,我们假设微博消极准社会交往最理想的理论结构为三因素结构。此外,我们引入微博消极准社会交往的单因素结构作为与三因素结构进行比较的竞争模型。

微博消极准社会交往单维结构模型与三维结构模型图如图 7.1 和图 7.2 所示。

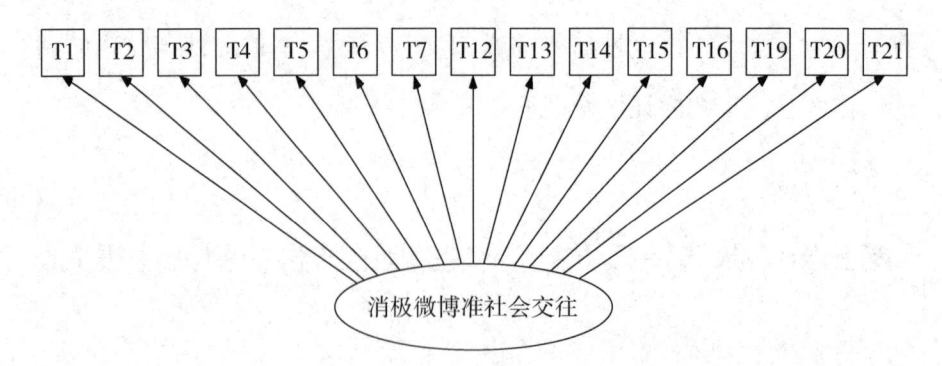

图 7.1　微博消极准社会交往单维度结构模型图

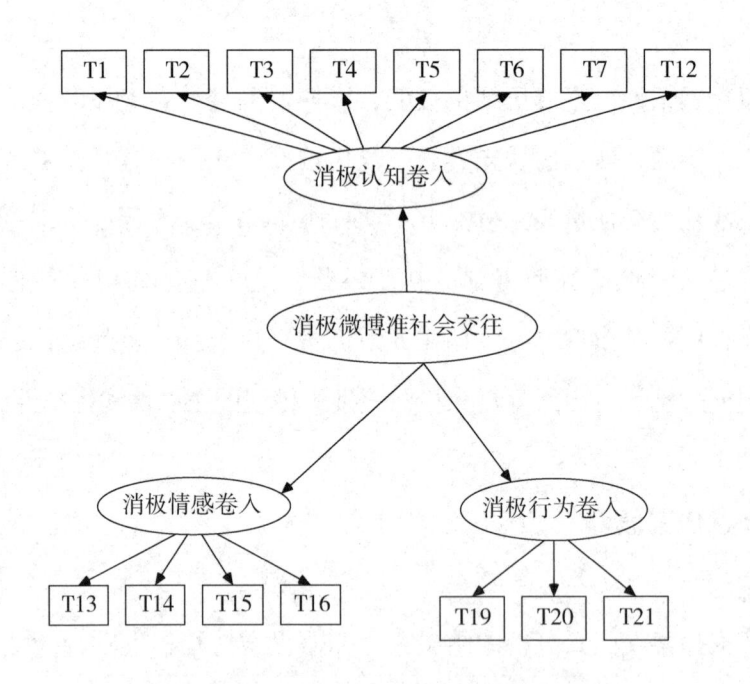

图 7.2　微博消极准社会交往三维度结构模型图

三、研究取样

根据 SEM（Structural Equation Model）理论，不能对同一数据在做探索性因素分析之后再做验证性因素分析，验证性因素分析必须重新抽取样本。为此，我们将本次调查所获得的数据分成两半，一半用于探索性因素分析使用，另一半用于验证性因素分析使用。我们使用探索性因素分析后剩余的 216 份问卷的数据用于本次验证性因素分析研究。样本被试的基本情况见表 7.7 所示。

表 7.7 验证性因素分析样本被试基本情况一览（$n=216$）

人口统计学变量	类别	人数	百分比（%）
性别	男	75	34.7%
	女	141	65.3%
年龄	20 岁以下	50	23.1%
	20～22 岁	140	64.8%
	23 岁及以上	26	12.1%
平均每天上网时间	1 小时以内	3	1.4%
	1～3 小时	80	37.0%
	3～5 小时	87	40.3%
	5～7 小时	42	19.4%
	7 小时以上	4	1.9%
总计		216	100%

四、结果与分析

我们用 AMOS7.0 统计软件分别对上述假设中的理想模型与其他竞争模型进行了验证性因素分析,并对各模型的拟合指数进行了比较。

(一)微博消极准社会交往三维度结构模型的验证性因素分析

我们首先对微博消极准社会交往的理想模型进行了验证性因素分析,结果如图7.3和表7.8所示。

表7.8的结果表明,微博消极准社会交往三维度结构模型是一个好模型。其 χ^2/df 仅为2.87,拟合优度指数 IFI 和 TLI 分别为0.925和0.909,NFI 为0.889,CFI 达到0.924,模型的近似均方根 RMSEA 为0.093,小于0.1,达到可接受的水平。由此可见,除了 NFI 以外,各主要拟合指数都符合好模型的标准。拟合指数 NFI 为0.889,比标准稍微偏低,然而这一拟合指数偏低也可能是由于受到样本影响造成的,因为 NFI 在样本偏小的情况下,可能会低估模型的拟合度,本研究的样本量为216,相对来说还不是最佳的样本量。根据上述拟合指标,从整体而言,我们认为微博消极准社会交往三维度结构模型是一个令人满意的模型,本研究假设得到了实证数据的支持。

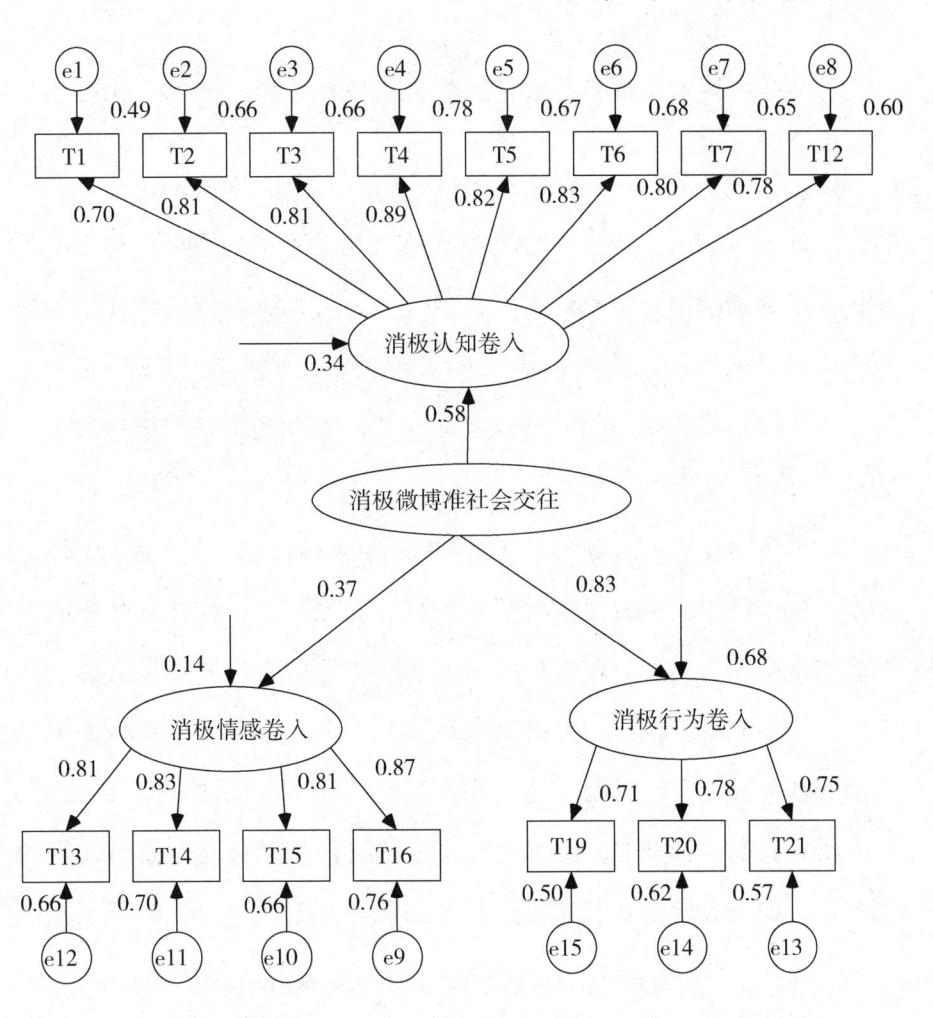

图 7.3 微博消极准社会交往三因素结构验证性因素分析结果

表 7.8 微博消极准社会交往三维结构模型各拟合指标（$n=216$）

χ^2/df	RMSEA	TLI	IFI	NFI	CFI
2.87	0.093	0.909	0.925	0.889	0.924

(二) 微博消极准社会交往三维结构模型与其他竞争模型的比较

以上的分析表明，微博消极准社会交往具有三维度的结构。我们认为微博消极准社会交往三维度模型应该是最理想的模型。为了证明这一模型为最佳模型，我们引入其他理论上可能存在的单维度结构模型作为竞争模型，并将我们假设的理想模型与竞争模型进行相互比较，以进一步检验微博消极准社会交往的三维结构模型的优越性，比较结果如表 7.9 所示。

表 7.9 的比较结果表明：三维度结构模型明显要好于单维度结构模型，根据各主要拟合指数所提供的信息，微博消极准社会交往的单维结构模型无法达到好模型的要求，其各主要拟合指数均没有达到要求，如模型的近似误差均方根 RMSEA2.87，均超过 0.1 的标准，拟合指数 NFI 和 CFI 也均远没有达到 0.9 的标准要求。因此，通过上述比较分析，我们认为微博消极准社会交往的三维度结构模型是最理想的模型，我们的假设得到实证数据的验证。

表 7.9 三维结构模型与单维结构模型的拟合指数的比较 ($n=216$)

模型	χ^2/df	RMSEA	GFI	NFI	CFI	PNFI	PGFI	AIC	CAIC
单维结构	9.98	0.204	0.613	0.603	0.625	0.517	0.460	958.344	1089.602
三维结构	2.87	0.093	0.868	0.889	0.924	0.737	0.629	316.061	460.445

五、小结

访谈研究和探索性研究均表明，微博消极准社会交往的理论结构主要由三个维度构成,它主要包括消极认知卷入、消极情感卷入和消极行为卷入。验证性因素分析的结果支持了探索性因素分析的结果。进一步的验证性因素分析还表明,微博消极准社会交往的三维度模型是所有其他可能的理论模型中最理想的模型。

第四节 微博消极准社会交往量表的信度和效度分析

要使微博消极准社会交往量表在实际研究中成为微博消极准社会交往有效而可靠的测量工具,那么还需要对该量表的有效性和可靠性进行更严格的检验。

一、信度分析

我们采用的信度指标主要是 Cronbach 内部一致性信度系数。微博消极准社会交往量表及各分量表的信度指标见表 7.10。表 7.10 结果显示,微博消极准社会交往总量表的内部一致性系数达到 0.845,各分量表的内部一致性系数也均超过 0.70,由此表明,微博消极准社会交往量表具有较好的信度。

表 7.10 微博消极准社会交往总量表及各分量表的内部一致性系数 ($n=216$)

信度指标	消极认知卷入	消极情感卷入	消极行为卷入	总量表
Crobach 内部一致性系数	0.912	0.918	0.902	0.934

二、效度分析

由于用于评估效度的指标较多,各个效度指标评估的方面各有侧重。结合本研究的内容和条件,我们仍选取结构效度、内容效度作为评估效度的指标。

(一) 结构效度分析

微博消极准社会交往量表的结构效度可从以下两个方面来鉴定:

(1) 内部一致性系数结果。表 7.10 分析结果表明,三个分量表的内部一致性系数都很高,说明量表内部的一致性较好,这也为结构效度提供了有力的支持。

(2) 探索性因素分析和验证性因素分析的结果。本研究对微博消极准社会交往量表的 15 个项目首先进行了探索性因素分析,得到良好的三因素结构模型,随后的验证性因素分析也支持微博消极准社会交往是一个三维度的结构模型。由此,我们可以认为微博消极准社会交往量表具有较好的结构效度。

从以上两个方面,我们证明了微博消极准社会交往量表是具有良好的结构效度。

(二) 内容效度分析

首先,我们量表的内容基本上来源于现场的访谈资料,量表内容基本上能够反映微博用户的实际使用行为。其次,在量表的修订过程中，我们邀请新媒体研究专家和五位微博用户对量表的内容进行审定，同时又以微博用户进行预试和数据处理分析，最终形成了本研究的初测量表。基于以上两个方面的审慎考虑，我们认为本量表也具有较好的内容效度。

第五节 研究总结

根据访谈研究中所获取的资料，同时结合已有的准社会交往研究成果，我们编制了微博消极准社会交往量表，并对量表的结构进行了一系列的分析。

探索性因素分析的结果表明，微博消极准社会交往包括三个维度，即消极认知卷入、消极情感卷入和消极行为卷入。进一步的验证性因素分析结果表明，微博消极准社会交往三维度结构模型拟合良好，三维度模型可以接受，研究结果还表明，微博消极准社会交往三维度结构是所有可能的理论模型中最理想的模型。

微博消极准社会交往是本研究基于交往的关系属性提出的一个理论构想，虽然在理论结构上我们仍在沿用以往准社会交往中的三维理论结构，但是微博消极准社会交往无论是从其内涵还是表现看，均不同于以往的准社会交往概念。从霍尔顿（Horton，1956）提出"准社会交往"概念以来，准社会交往的本质是因受众对媒介触角的喜欢而产生的一种单向社会交往行为。本研究从社会认知的角度提出，准社会交往的本质是受众对其与媒介角色之间关系的心理表征，或者说是一种心理关系图式（Klimmtt，2006）。从这个心理关系视角出发，我们认为准社会交往既可以是积极的，也可以是消极的。本研究提出的这一理论构想，得到经验数据的支持。值得一提的是，微博消极准社会交往在理论结构上与微博积极准社会交往是类似的，即同样包含认知卷入、情感卷入和行为卷入，但是其关系指向是消极的，这一结果是符合我们对微博消极准社会交往的理论设想的。

此外，微博消极准社会交往量表的信度和效度检验结果表明，微博消极准社会交往量表具有较高的内部一致性信度，而且结构效度良好，内容效度具有可靠的保证。这些结果保证我们所编制的微博消极准社会交往量表适用于在研究中作为测量微博消极准社会交往的工具。

第八章

微博准社会交往的特征分析

第一节 研究背景

历来的准社会交往研究主要基于大众传播媒介环境，葛进平和毛良斌（2005，2011，2013）进行的三次全国范围内的准社会交往调查结果显示，大众传媒环境条件下准社会交往主要呈现如下几个方面的特征：

首先，准社会交往的对象。准社会交往的对象以明星居多，他们是大众传媒媒介环境下，准社会交往的最重要的对象。调查数据均显示，崇拜人物中非媒介人物、杰出人物、媒介人物平分秋色，基本上各占三分之一，而媒介人物在偶像和明星中占绝对优势，分别达85%和90%左右。从三次调查的数据看，崇拜对象中，随时代变化，非媒介人物的比例增加，媒介人物的比例减少；偶像和明星相反，随时代变化，非媒介人物占比减少，媒介人物占比增加。

其次,准社会交往关系最重要的表现是崇拜。2011年全国数据的分析结果表明,893人填写了最崇拜的人物和准社会关系数据,频次从多到少依次为杰出人物、非媒介人物、大众媒介人物、没有,分别为309、260、239、85;最崇拜的人物的准社会关系从强到弱依次为大众媒介人物、非媒介人物、杰出人物、没有,分别是59.37、60.97、62.25、66.51,有极显著差异(F=7.133,Sig=0.0),方差齐,LSD检验,"没有"同其他三类、"杰出人物"同"大众媒介人物"均有极显著差异。620人填写了第二崇拜的人物,频次从多到少依次为非媒介人物、大众媒介人物、杰出人物、没有,分别为203、182、167、68。准社会关系从强到弱依次为非媒介人物、大众媒介人物、杰出人物、没有,分别是59.62、59.7、62.07、67.13,有极显著差异(F=6.825,Sig=0.0),方差齐,LSD检验,"没有"同其他三类均达到极显著差异。

最后,准社会交往受众中,女性的准社会关系高于男性,城镇居民高于农村居民。性别是最重要的人口学变量,反映人们最基本的区别,户籍是中国大陆的特有政策,反映人们最重要的社会经济差异。性别和户籍的区别对人们的准社会交往产生重要影响,2013年全国调查数据显示女性、城镇的准社会关系明显高于男性、农村。进一步分析显示,城镇女性的准社会关系最高(平均数61.08,标准差12.58);城镇男性(平均数62.21,标准差13.22)同农村女性(平均数62.22,标准差12.18)的准社会关系一样,处于中等水平;农村男性的准社会关系最低(平均数64.5,标准差13.12)。方差分析(one-way ANOVA)显示,Levene统计量为1.221,P值为0.301,各总体方差齐，选用最严格的 LSD 方法进行各组的比较，农村男性同城镇男性差异显著（Sig 值 0.42）、农村男性同城镇女性差异极显著（Sig 值 0.001），其他各组间的差异没有达到统计显著。

从上述研究结果来看，传统准社会交往研究的内容主要以积极准社会交往为主，且以大众媒介环境作为研究背景，那么在微博这样的新媒体环境的背景之下，准社会交往的对象、受众以及交往过程又会呈现出怎样的特征呢？消极的准社会交往对象、受众及交往过程在哪些方面会区别于积极的准社会交往呢？本研究将以上述两个问题作为研究目标，通过问卷调查的方法进一步揭示微博条件下的准社会交往特征。

第二节 研究方法

一、调查取样情况

调查对象为普通高校在读大学生。研究选取杭州市区 3 所普通高等院校的在读大学生 350 名，其中 3 人未返回问卷，实际回收问卷为 347 份。

二、样本特征分析

对回收得到的 347 份问卷的受访者特征进行分析,得到如下结果:男性样本为 162 人,占 46.7%,女性样本为 185 人,占 53.3%,男女比例适中,符合普通高校女生数量略多于男生数量的实际情况;样本的年龄段主要在 20~22 岁之间,占到总体的 70%,符合普通高校在校大学生的实际年龄情况。具体样本信息特征如表 8.1 所示。

表 8.1 调查样本信息特征一览表 ($n=347$)

样本特征		人数	百分比
性别	男	162	46.7%
	女	185	53.3%
年龄	<20 岁	92	26.5%
	20~22 岁	247	71.2%
	>22 岁	8	2.3%
总计		347	100%

三、调查内容

调查内容主要基于微博媒介环境下,准社会交往三个重要组成部分,即准社会交往的对象、进行准社会交往的微博用户以及微博用户对微博人物进行准社会交往表征,具体内容如下:

1. 微博准社会交往对象。调查对微博积极准社会交往的对象和微博消极准社会交往的对象进行了区别，同时要求受访者提名1~2个保持长久关注并具有卷入特征的微博人物。对于微博积极准社会交往对象，调查要求受访者提名1~2名长久持续关注（至少长达3个月以上）且喜欢的微博人物；对于微博消极准社会交往对象，调查要求受访者提名1~2名长久持续关注（至少长达3个月以下）但不喜欢的微博人物。

2. 进行准社会交往的微博用户特征。微博用户特征包括微博用户的微博使用行为特征（时间、熟练程度以及具体使用行为），微博用户的信任感、微博用户的使用动机和微博用户的内外控人格特征。问卷中的各提问项目均为根据研究需要编制而成，其中微博用户的内外控人格特征量表主要是在参考 Rotter（1966）设计的内外控量表（IES）基础上改编而成，原量表为23对陈述句，本量表设计为16个陈述句，并且要求受访者根据对描述情况同意程度进行评价，评价等级为1~5分，1表示非常同意，5表示极不同意，分数越低，表示越偏内控；分数越高，表示越偏外控，相关描述如"我认为工作是要靠自己创造的""能得到自己想要的工作机会，主要是凭运气"；具体内容参见附表三。

3. 微博用户对微博人物的准社会交往表征。本研究使用自编的微博积极准社会交往量表（17个项目）和微博消极准社会交往量表（15个项目），对微博用户与微博人物的准社会交往表征进行测量。具体内容参见附表三。

四、数据分析工具和方法

研究使用 SPSS19.0 作为数据统计分析的工具。在分析过程中，主要使用的统计方法包括频次分析、T 检验、方差分析、列联分析以及卡方检验。

第三节 研究结果

对研究结果的描述主要根据以下三个方面的内容展开：

一是微博准社会交往对象分析，其中包括微博积极准社会交往对象和微博消极准社会交往对象；

二是进行准社会交往的微博用户特征分析，其中包括微博积极准社会交往用户和微博消极准社会交往用户；

三是微博用户对微博人物的准社会交往表征，其中包括微博积极准社会交往表征和微博消极准社会交往表征。

一、微博准社会交往对象分析

根据准社会关系的研究和对数据认真阅读，同时也为了方便与大众媒介背景下的准社会交往对象特征进行比较，本研究将微博准社会交往对象分为三大类，即按照大众传播媒介作用大小，分为非媒介人物、杰出人物、大众媒介人物。其中"非媒介人物"指完全依靠人际传播,包括亲人、朋友、老师、同学、自己等;"杰出人物"指依靠人际传播、组织传播和大众媒介,但大众传播不起决定性的作用,包括政治军事人物、文学家、艺术家、科学家、模范人物等;"大众媒介人物"指主要依靠大众传播,包括文体明星、媒介从业者、成功商务人士、草根微博人物、虚拟角色(企业或品牌微博、动漫角色等)等;此外,本研究将微博积极准社会交往对象与微博消极准社会交往对象分别进行描述分析。

分析得到的主要结论:

(1)文体明星是积极准社会交往最重要的交往对象;而网络草根人物则是消极准社会交往最重要的交往对象;

(2)绝大多数的微博用户报告使用微博过程中具有积极准社会交往对象,但也有一大部分的微博用户报告使用微博过程中没有消极准社会交往对象;

(3)机构或品牌宣传微博,尽管并非真实人物,但是在微博媒介平台上,仍然可以成为积极或消极准社会交往的对象。

(一)微博积极准社会交往对象分析

对微博积极准社会交往对象分析结果表明,在微博媒介平台上,积极准社会交往的主要对象为大众媒介人物,非媒介人物和杰出人物仅占其中很小的比例,小部分(6.9%)受访者报告他们在微博平台上没有积极准社会交往的对象。在大众媒介人物中,文体明星是最重要的积极准社会交往对象,其次是网络草根;另外,还有一个特别值得注意的现象，一些机构或品牌的微博，虽然并非真实的人物，但也可以成为积极准社会交往的对象。具体情况如表8.2所示。

表8.2 微博积极准社会交往对象分析结果（$n=347$）

人物类型		人数	百分比
非媒介人物		18	5.2%
杰出人物		19	5.5%
大众媒介人物	文体明星	123	35.5%
	媒体从业者	13	3.7%
	成功商人	11	3.2%
	网络草根	117	33.7%
	机构品牌	22	6.3%
缺失		24	6.9%
合计		347	100.0%

（二）微博消极准社会交往对象分析

对微博消极准社会交往对象分析结果表明，在微博媒介平台上，消极准社会交往的主要对象仍然以大众媒介人物为主，非媒介人物和杰出人物在其中所占比例更小，但相当部分（38.3%）受访者报告他们在微博平台上没有消极准社会交往的对象。在大众媒介人物中，网络草根成为最重要的消极准社会交往对象，其次是文体明星；另外，机构或品牌的微博，也可以成为消极准社会交往的对象。具体情况如表8.3所示。

表 8.3 微博消极准社会交往对象分析结果（$n=347$）

人物类型		人数	百分比
非媒介人物		10	2.9%
杰出人物		4	1.2%
大众媒介人物	文体明星	75	21.6%
	媒体从业者	6	1.7%
	成功商人	11	3.2%
	网络草根	84	24.2%
	机构品牌	24	6.9%
缺失		133	38.3%
合计		347	100.0%

二、准社会交往的微博用户特征分析

对微博用户的准社会交往行为分析包括两个方面，首先是对报告积极准社会交往反应与未报告积极准社会交往反应的微博用户特征进行差异分析；其次是对报告消极准社会交往与未报告消极准社会交往的微博用户特征进行差异分析。对微博用户特征分析包括微博用户的微博使用行为特征（时间、熟练程度以及具体使用行为），微博用户的媒介信任感，微博用户的使用动机和微博用户的内外控人格特征。

分析得到的主要结论：

（1）微博用户使用微博时长越长，每天使用微博时间越久，使用微博技巧越熟练，那么越倾向于报告积极准社会交往行为；微博用户的媒介信任感越高，越倾向于报告积极准社会交往行为；微博用户内控人格特征越明显，越倾向于报告积极准社会交往行为。调查未发现微博使用行为和微博使用动机等不同特征的微博用户在是否报告积极准社会交往行为上具有明显差异。

（2）微博用户使用微博技巧越熟练，则越倾向于报告消极准社会交往行为；调查未发现微博使用时长、每天使用微博时长、微博使用行为、微博使用动机、媒介信息感和内外控人格特征等不同特征的微博用户，在是否报告消极准社会交往行为上具有明显差异。

（一）微博积极准社会交往的用户特征分析

对微博积极准社会交往微博用户特征分析包括如下几个方面，即使用微博的时长分析、每天使用微博时长分析、微博使用技巧的熟练程度分析、微博使用的具体行为分析、使用动机分析、媒介信任感分析以及内外控人格特征分析。

（1）微博用户使用微博时长及每天使用微博时长的特征分析。调查结果发现：使用微博时长与是否报告积极准社会交往行为具有显著关联（$\chi^2 = 17.91$，$p < 0.01$），使用微博时间越久，微博用户越倾向于报告具有积极准社会交往反应；每天使用微博时长与是否报告积极准社会交往行为具有显著关联（$\chi^2 = 13.38$，$p < 0.05$），每天使用微博时间越长，微博用户越倾向于报告具有准社会交往反应。具体分析结果见表8.4和表8.5。

表8.4 是否报告积极准社会交往反应与微博用户使用微博时长关联分析（$n=335$）

微博用户		使用微博时长				
		小于1个月	1个月~半年	半年~1年	1~2年	2年以上
报告积极准社会交往反应者	人数	5	45	70	114	81
	百分比	1.6%	14.3%	22.2%	36.2%	25.7%
未报告积极准社会交往反应者	人数	3	3	4	9	1
	百分比	15.0%	15.0%	20.0%	45.0%	5.0%
卡方检验结果		\multicolumn{5}{c}{$\chi^2=17.91$（$p<0.01$）}

表8.5 是否报告积极准社会交往反应与微博用户每天使用微博时长关联分析（$n=336$）

微博用户		每天使用微博时长				
		半小时以内	半小时~1小时	1~3小时	3~6小时	6小时以上
报告积极准社会交往反应者	人数	70	124	94	20	8
	百分比	22.2%	39.2%	29.7%	6.3%	2.5%
未报告积极准社会交往反应者	人数	11	6	1	1	1
	百分比	55.0%	30.0%	5.0%	5.0%	5.0%
卡方检验结果		\multicolumn{5}{c}{$\chi^2=13.38$（$p<0.05$）}

（2）微博用户使用微博熟练程度分析。调查结果发现，微博用户使用微博技巧的熟练程度与是否报告积极准社会交往反应具有显著关联（$\chi^2=43.67$，$p<0.001$），微博用户使用微博技巧越熟练，那么越倾向于报告积极准社会交往反应。具体分析结果见表8.6。

表8.6 是否报告积极准社会交往反应与微博用户使用
微博熟练程度关联分析（$n=336$）

微博用户		微博使用技巧的熟练程度				
		非常熟练	比较熟练	一般熟练	比较不熟练	非常不熟练
报告积极准社会交往反应者	人数	73	120	94	21	8
	百分比	23.1%	38.0%	29.7%	6.6%	2.5%
未报告积极准社会交往反应者	人数	2	1	8	3	6
	百分比	10.0%	5.0%	40.0%	15.0%	30.0%
卡方检验结果		$\chi^2=43.67$（$p<0.001$）				

（3）微博用户微博使用具体行为分析。本研究将微博用户微博使用具体行为区分为主动与被动两类，其中主动使用行为主要指发表个人内容，被动使用行为主要是指转发别人内容或者仅关注别人内容。调查结果发现，微博用户具体使用行为与是否报告积极准社会交往没有显著关联（$\chi^2=0.40$，$p=0.82$），无论是否报告积极准社会交往反应，微博用户被动使用微博者比例显著高于主动使用微博者。具体分析结果如表8.7所示。

表8.7 是否报告积极准社会交往反应与微博用户使用
具体行为关联分析（$n=333$）

微博用户		微博使用具体行为类别		
		发表个人内容	转发别人内容	关注别人内容
报告积极准社会交往反应者	人数	252	260	289
	百分比	80.3%	82.8%	92.0%

续表

微博用户		微博使用具体行为类别		
		发表个人内容	转发别人内容	关注别人内容
未报告积极准社会交往反应者	人数	13	12	17
	百分比	68.4%	63.2%	89.5%
卡方检验结果		\multicolumn{3}{c}{$\chi^2 = 0.40$（p = 0.82）}	

（4）微博用户微博使用动机分析。本研究将微博用户微博使用动机区分为四类，即了解新闻资讯、结识新朋友、增加与偶像互动的机会和增进与朋友间的友谊。调查结果发现，微博用户微博使用动机与是否报告积极准社会交往没有显著关联（$\chi^2 = 1.08$，p = 0.78），无论是否报告积极准社会交往反应，微博用户使用微博的主动动机为了解新闻资讯和增进与朋友间的友谊，但是仍有部分微博用户因需要增加与偶像互动的机会而使用微博。具体分析结果如表8.8所示。

表8.8 是否报告积极准社会交往反应与微博用户微博使用动机关联分析（$n = 333$）

微博用户		微博使用动机类别			
		了解新闻资讯	结识新朋友	增加与偶像互动的机会	增进与朋友间的友谊
报告积极准社会交往反应者	人数	226	92	61	141
	百分比	75.3%	30.7%	20.3%	47.0%
未报告积极准社会交往反应者	人数	15	5	2	7
	百分比	78.9%	26.3%	10.5%	36.8%
卡方检验结果		\multicolumn{4}{c}{$\chi^2 = 1.08$（p = 0.78）}	

（5）微博用户媒介信任感和内外控人格特征分析。本研究从研究实际需要出发，将媒介信任感操作化定义为微博用户对网络内容的一

般信任感与对微博内容的信任感,并将两个测量指标平均后得到的数值作为对媒介信任感的观测值。对内外控人格特征的测量则使用在Rotter(1966)内外控量表基础上改编而成的内外控量表,该量表包含16个陈述项;测量分数越低,则越偏内控,测量分数越高,则越偏外控。调查结果发现,报告积极准社会交往反应的微博用户媒介信任感显著高于未报告积极准社会交往反应的微博用户,这一结果说明微博用户媒介信任感越高,则越倾向于报告积极准社会交往反应;此外,报告积极准社会交往反应的微博用户的内外控人格特征值显著低于未报告积极准社会交往反应,这一结果说明偏内控人格特征的微博用户更倾向于报告积极准社会交往反应。具体分析结果如表8.9所示。

表8.9 积极准社会交往的微博用户媒介信任感及内外控人格特征分析结果($n=343$)

微博用户	媒介信任感					
	N	均值	标准差	t(df)	P水平
报告积极准社会交往反应者	320	3.31	0.49	3.64(23)	$P<0.001$
未报告积极准社会交往反应者	23	2.69	0.79		
	内外控人格特征				
	N	均值	标准差	t(df)	P水平
报告积极准社会交往反应者	235	40.67	6.40	-2.30(252)	$P<0.05$
未报告积极准社会交往反应者	19	44.21	6.75		

(二) 微博消极准社会交往的用户特征分析

对微博消极准社会交往微博用户特征分析包括如下几个方面，即使用微博的时长分析、每天使用微博时长分析、微博使用技巧的熟练程度分析、微博使用的具体行为分析、使用动机分析、媒介信任感分析以及内外控人格特征分析。

(1) 微博用户使用微博时长及每天使用微博时长的特征分析。调查结果发现：使用微博时长与是否报告消极准社会交往反应没有显著关联（$\chi^2=7.02$，$p=0.13$），使用微博时间长短不会影响微博用户是否报告消极准社会交往反应；每天使用微博时长与是否报告消极准社会交往反应没有显著关联（$\chi^2=3.74$，$p=0.44$），每天使用微博时间长短不会影响微博用户是否报告消极准社会交往反应。具体分析结果见表8.10和表8.11。

表8.10　是否报告消极准社会交往反应与微博用户使用微博时长关联分析（$n=335$）

微博用户		使用微博时长				
		小于1个月	1个月~半年	半年~1年	1~2年	2年以上
报告消极准社会交往反应者	人数	2	29	42	78	56
	百分比	1.0%	14.0%	20.3%	37.7%	27.1%
未报告消极准社会交往反应者	人数	6	19	32	45	26
	百分比	4.7%	14.8%	25.0%	35.2%	20.3%
卡方检验结果		$\chi^2=7.02$（$p=0.13$）				

131

表8.11 是否报告消极准社会交往反应与微博用户每天使用微博时长关联分析（$n=336$）

微博用户		每天使用微博时长				
		半小时以内	半小时~1小时	1~3小时	3~6小时	6小时以上
报告消极准社会交往反应者	人数	43	83	63	13	6
	百分比	20.7%	39.9%	30.3%	6.3%	2.9%
未报告消极准社会交往反应者	人数	38	47	32	8	3
	百分比	29.7%	36.7%	25.0%	6.3%	2.3%
卡方检验结果		$\chi^2=3.74$（p=0.44）				

（2）微博用户使用微博熟练程度分析。调查结果发现，微博用户使用微博技巧的熟练程度与是否报告消极准社会交往反应具有显著关联（$\chi^2=15.20$，$p<0.01$），微博用户使用微博技巧越熟练，那么越倾向于报告消极准社会交往反应。具体分析结果见表8.12。

表8.12 是否报告消极准社会交往反应与微博用户使用微博熟练程度关联分析（$n=336$）

微博用户		微博使用技巧的熟练程度				
		非常熟练	比较熟练	一般熟练	比较不熟练	非常不熟练
报告消极准社会交往反应者	人数	55	70	68	11	4
	百分比	26.4%	33.7%	32.7%	5.3%	1.9%
未报告消极准社会交往反应者	人数	20	51	34	13	10
	百分比	15.6%	39.8%	26.6%	10.2%	7.8%
卡方检验结果		$\chi^2=15.20$（$p<0.01$）				

(3) 微博用户微博使用具体行为分析。本研究将微博用户微博使用具体行为区分为主动与被动两类，其中主动使用行为主要指发表个人内容，被动使用行为主要是指转发别人内容或者仅关注别人内容。调查结果发现，微博用户具体使用行为与是否报告消极准社会交往没有显著关联（$\chi^2=0.30$，$p=0.85$），无论是否报告消极准社会交往反应，微博用户被动使用微博者比例显著高于主动使用微博者。具体分析结果如表8.13所示。

表8.13 是否报告消极准社会交往反应与微博用户使用具体行为关联分析（$n=333$）

微博用户		微博使用具体行为类别		
		发表个人内容	转发别人内容	关注别人内容
报告消极准社会交往反应者	人数	172	172	192
	百分比	32.1%	32.1%	35.8%
未报告消极准社会交往反应者	人数	93	100	114
	百分比	30.3%	32.6%	37.1%
卡方检验结果		\multicolumn{3}{c}{$\chi^2=0.30$（$p=0.85$）}		

(4) 微博用户微博使用动机分析。本研究将微博用户微博使用动机区分为四类，即了解新闻资讯、结识新朋友、增加与偶像互动的机会和增进与朋友间的友谊。调查结果发现，微博用户微博使用动机与是否报告消极准社会交往没有显著关联（$\chi^2=6.42$，$p=0.09$），无论是否报告消极准社会交往反应，微博用户使用微博的主动动机为了解新闻资讯和增进与朋友间的友谊，但是仍有部分微博用户因需要增加与偶像互动的机会而使用微博。具体分析结果如表8.14所示。

表 8.14　是否报告消极准社会交往反应与微博用户
微博使用动机关联分析（$n=333$）

微博用户		微博使用动机类别			
		了解新闻资讯	结识新朋友	增加与偶像互动的机会	增进与朋友间的友谊
报告消极准社会交往反应者	人数	145	70	45	101
	百分比	40.2%	19.4%	12.5%	28.0%
未报告消极准社会交往反应者	人数	96	27	18	47
	百分比	51.1%	14.4%	9.6%	25.0%
卡方检验结果		$\chi^2=6.42$（$p=0.09$）			

（5）微博用户媒介信任感和内外控人格特征分析。本研究从研究实际需要出发，将媒介信任感操作化定义为微博用户对网络内容的一般信任感与对微博内容的信任感，并将两个测量指标平均后得到的数值作为对媒介信任感的观测值。对内外控人格特征的测量则使用在 Rotter（1966）内外控量表基础上改编而成的内外控量表，该量表包含 16 个陈述项；测量分数越低，则越偏内控，测量分数越高，则越偏外控。调查结果发现，报告消极准社会交往反应的微博用户媒介信任感高于未报告消极准社会交往反应的微博用户，但统计检验未达到显著水平，这一结果说明微博用户媒介信任感不会影响是否报告消极准社会交往反应；此外，报告消极准社会交往反应的微博用户的内外控人格特征值高于未报告消极准社会交往反应，但统计检验未达到显著水平，这一结果说明微博用户的内外控人格特质不会影响是否报告消极准社会交往反应。具体分析结果如表 8.15 所示。

表 8.15 消极准社会交往的微博用户媒介信任感及内外控
人格特征分析结果（$n=343$）

微博用户	媒介信任感				
	N	均值	标准差	t（df）	P 水平
报告消极准社会交往反应者	213	3.30	0.52	1.52（259）	P=0.12
未报告消极准社会交往反应者	130	3.20	0.56		
	内外控人格特征				
	N	均值	标准差	t（df）	P 水平
报告消极准社会交往反应者	189	41.13	6.54	0.78（252）	P=0.43
未报告消极准社会交往反应者	65	40.40	6.32		

三、微博用户对微博人物的准社会交往特征

微博准社会交往是微博用户在与微博人物心理互动过程中，产生的对微博用户自身与微博人物间关系的心理表征。本研究对微博准社会交往理论结构分析表明，无论是微博积极准社会交往还是微博消极准社会交往，这一心理表征呈现出稳定的三维结构特征。本章节中，将对微博用户对微博人物的准社会交往总体特征和具体特征进行分析。在探讨具体特征时，本研究将主要考虑两种情况：一是微博用户在面对不同的准社会交往对象时的准社会交往特征；二是不同微博用户表现出的准社会交往特征。

分析得到如下主要结论：

（1）微博用户总体的积极准社会交往程度超过一般水平，积极认知卷入和积极行为卷入水平一般高于积极情感卷入水平；相比较而言，积极情感卷入与积极行为卷入间相关度更高，而积极认知卷入与积极行为卷入间的相关度则较低。

（2）微博用户对非媒介人物、杰出人物以及大众媒介人物的积极准社会交往程度上不存在显著差异；对于在大众媒介人物中的各类人物，相比较而言，微博用户对文体明星和媒介从业者两者表现出较高程度的积极准社会交往；微博用户对文体明星的积极情感卷入水平显著高于其他类别的对象，且对文体明星和网络草根的积极行为卷入水平显著高于其他类别的对象。

（3）微博用户使用微博时间越长，每天使用微博时间越久，微博使用技巧越熟练，存在积极准社会交往程度越高的趋势，但分析仅在微博使用技巧熟练不同的微博用户间发现积极准社会交往程度存在显著差异；另外，媒介信任感、内外控人格特征与积极准社会交往程度不存在显著相关性。

（4）微博用户总体的消极准社会交往程度超过一般水平，且在消极认知卷入、消极情感卷入和消极行为卷入水平上均超过一般水平；相比较而言，消极认知卷入和消极行为卷入间相关度更高，而消极情感卷入和消极行为卷入间的相关度较低。

（5）微博用户对非媒介人物、杰出人物以及大众媒介人物的消极准社会交往程度上不存在显著差异；对于在大众媒介人物中的各类人物，相比较而言，微博用户对文体明星表现出较高程度的消极准社交往；微博用户对文体明星的消极情感卷入水平显著高于其他类别的对象。

（6）微博用户使用微博时间越短，每天使用微博时间越少，存在消极准社会交往程度越高的趋势；而微博用户微博使用技巧越熟练，则有消极准社会交往程度越高的趋势；但对上述三个因素上不同特征间的微博用户，未发现他们在消极准社会交往程度上存在显著差异；此外，媒介信任感、内外控人格特征与消极准社会交往程度之间也未发现存在显著相关性。

（一）微博用户积极准社会交往总体特征分析

对于调查样本中的总体微博用户进行分析，得到如下结果：

（1）积极准社会交往程度较高，超过一般水平（均值为3.11）；

（2）积极准社会交往各结构因素中，积极认知卷入和积极行为卷入程度较高，超过一般水平（均值分别为3.27和3.01），但积极情感卷入程度较低，低于一般水平（均值为2.87）；

（3）积极准社会交往与各因素呈现高度相关，说明积极准社会交往的内在结构稳定；积极准社会交往各因素之间均呈现高度相关，但各因素间的相关程度仍然存在一定的差异，其中积极情感卷入与积极行为卷入相关程度最高（达到0.703），而积极认知卷入与积极行为卷入间的相关程度最低（为0.577）。

具体分析结果如表8.16和图8.1所示。

表8.16 微博用户积极准社会交往总体特征分析（$n=323$）

因素结构	均值	标准差	相关分析		
			积极认知卷入	积极情感卷入	积极行为卷入
积极准社会交往	3.11	0.77	0.909***	0.871***	0.815***
积极认知卷入	3.27	0.79	-	0.635***	0.577***
积极情感卷入	2.84	0.91	-	-	0.703***
积极行为卷入	3.01	1.10	-	-	-

注：表中*表示p<0.05，**表示p<0.01，***表示p<0.001，下同。

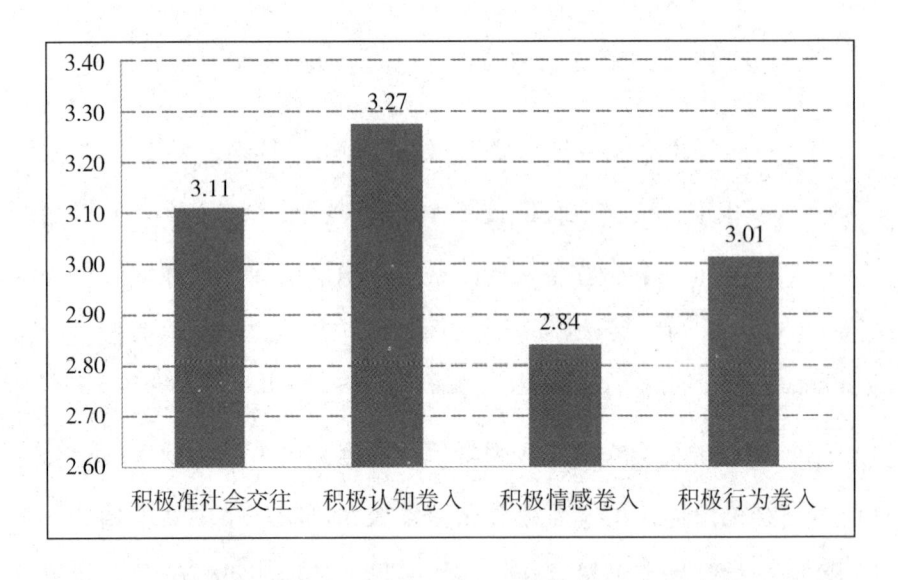

图8.1 积极准社会交往及各因素水平的比较分析

（二）微博用户积极准社会交往具体特征分析

1. 不同准社会交往对象条件下的微博用户积极准社会交往特征差异分析

第八章 微博准社会交往的特征分析

本研究中,将微博用户准社会交往对象主要分为三类,即非媒介人物、杰出人物和大众媒介人物;其中大众媒介人物细分为文体明星、媒体从业者、成功商人、网络草根和虚拟人物。本小节将考察微博用户在面对以上不同的准社会交往对象时,在积极准社会交往上具有怎样的差异特征。

分析结果表明,微博用户对三类不同的准社会交往对象,在积极准社会交往程度上不存在显著差异;相比较而言,非媒介人物在积极准社会交往程度上均要稍高于其他两类交往对象,且在准社会交往的三个不同结构类型方面,程度均高于其他两类交往对象。

进一步分析大众媒介人物内的各类交往对象间的积极准社会交往差异,结果发现,微博用户对文体明星、媒介从业者、成功商人、网络草根以及品牌机构五类对象,在积极准社会交往程度上不存在显著差异,相比较而言,他们对文体明星和媒介从业者的积极准社会交往程度高于其他类别的对象。分析结果还揭示,在积极准社会交往的两个维度上,即积极情感卷入和积极行为卷入上,微博用户对大众媒介人物内的各类对象的卷入水平存在显著差异;微博用户对文体明星的情感卷入水平显著高于其他类别的对象,且微博用户对文体明星和网络草根的积极行为卷入水平显著高于其他类别的对象。

具体分析如表 8.17 所示。

表8.17 不同准社会交往对象条件下微博用户积极准社会交往差异分析（$n=323$）

积极准社会交往对象		积极准社会交往水平			
		积极准社会交往	积极认知卷入	积极情感卷入	积极行为卷入
非媒介人物	均值	3.29	3.37	3.05	3.51
	标准差	0.76	0.76	0.87	0.95
杰出人物	均值	2.99	3.16	2.91	2.77
	标准差	0.49	0.54	0.65	0.79
大众媒介人物	均值	3.10	3.27	2.82	2.99
	标准差	0.79	0.81	0.93	1.13
F检验		$F_{(3,267)}=0.48$	$F_{(3,284)}=0.23$	$F_{(3,300)}=0.55$	$F_{(3,317)}=1.58$
文体明星	均值	3.20	3.29	3.04	3.15
	标准差	0.88	0.90	0.97	1.18
媒体从业者	均值	3.17	3.53	2.88	3.02
	标准差	0.61	0.57	1.07	1.20
成功商人	均值	2.85	3.01	2.72	2.43
	标准差	0.53	0.67	0.61	1.08
网络草根	均值	3.06	3.28	2.66	2.99
	标准差	0.72	0.76	0.87	1.04
机构品牌	均值	2.79	3.10	2.48	2.33
	标准差	0.74	0.72	0.79	1.03
F检验		$F_{(4,231)}=1.38$	$F_{(4,244)}=0.79$	$F_{(4,261)}=3.22^*$	$F_{(4,276)}=3.08^*$

2. 不同微博用户积极准社会交往特征差异分析

分析结果发现，不同微博使用时长的用户，在积极准社会交往上不存在显著差异；但相比较而言，微博使用时长越长的用户，仍然表现出准社会交往程度越高的趋势；分析结果还进一步揭示在积极准社会交往的积极行为卷入维度上，不同微博使用时长的用户存在显著差异，微博使用时长越长的用户，在积极行为卷入程度上显著高于使用时长较短的用户；但在积极认知卷入和积极情感卷入两个维度上，未发现相同的趋势。

分析结果还发现，每天使用微博时长不同的用户，在积极准社会交往程度上不存在显著差异；但相比较而言，每天使用微博时长越长的用户，仍然表现出准社会交往程度越高的趋势；分析结果还进一步揭示在积极准社会交往的积极认知卷入程度上，每天使用微博时间越长的用户，显著高于使用时间较短的用户；但在积极情感卷入和积极行为卷入两个维度上，未发现相同的趋势。

分析结果还表明，微博使用熟练程度不同的用户，在积极准社会交往程度上存在显著差异；熟练程度越高的用户，积极准社会交往程度也越高。分析结果还进一步揭示在积极准社会交往的积极认知卷入程度上，使用微博熟练程度高的用户，显著高于微博使用熟练程度较低的用户；但在积极情感卷入和积极行为卷入两个维度上，未发现相同趋势。

研究使用相关分析方法对媒介信任感与积极准社会交往及其三个维度的关系进行分析，结果表明媒介信任感与积极准社会交往不存在显著相关趋势，媒介信任感与积极认知卷入、积极情感卷入和积极行为卷入也不存在显著相关趋势。

研究使用相关分析方法还对内外控人格特征与积极准社会交往及其三个维度的关系进行分析，结果表明内外控人格特征与积极准社会交往不存在显著相关趋势，内外控人格特征与积极认知卷入、积极情感卷入和积极行为卷入也不存在显著相关趋势。

具体分析结果如表 8.18 和表 8.19 所示。

表 8.18 不同微博用户积极准社会交往特征的方差分析（$n=323$）

微博用户特征			积极准社会交往水平			
			积极准社会交往	积极认知卷入	积极情感卷入	积极行为卷入
微博使用时长	不到 1 个月	均值	3.02	3.11	2.80	3.11
		标准差	0.37	0.26	0.59	0.62
	1 个月~半年	均值	2.81	3.03	2.57	2.64
		标准差	0.86	0.82	1.05	1.17
	半年~1 年	均值	3.11	3.26	2.94	2.99
		标准差	0.87	0.89	0.94	1.18
	1 年~2 年	均值	3.13	3.25	2.80	3.01
		标准差	0.72	0.75	0.86	1.08
	2 年以上	均值	3.25	3.45	2.97	3.29
		标准差	0.71	0.75	0.85	1.01
F 检验			$F_{(4,260)}=1.83$	$F_{(4,277)}=1.87$	$F_{(4,291)}=1.58$	$F_{(4,308)}=2.55^*$
每天使用微博时长	半小时以内	均值	2.98	3.08	2.82	3.03
		标准差	0.92	0.94	0.97	1.18
	半小时~1 小时	均值	3.02	3.19	2.73	2.83
		标准差	0.72	0.73	0.87	1.06
	1~3 小时	均值	3.22	3.37	2.96	3.18
		标准差	0.69	0.71	0.88	1.03
	3~6 小时	均值	3.40	3.78	2.96	3.47
		标准差	0.73	0.69	0.92	1.17
	6 小时以上	均值	3.53	3.87	3.08	3.08
		标准差	1.11	0.95	1.16	1.62

续表

微博用户特征		积极准社会交往水平			
		积极准社会交往	积极认知卷入	积极情感卷入	积极行为卷入
F 检验		$F_{(4,262)}=2.24$	$F_{(4,279)}=4.69^{**}$	$F_{(4,292)}=1.10$	$F_{(4,309)}=2.20$
微博使用熟练程度	非常熟练 均值	3.33	3.52	3.09	3.31
	非常熟练 标准差	0.78	0.84	0.86	1.08
	比较熟练 均值	3.13	3.32	2.79	2.99
	比较熟练 标准差	0.74	0.73	0.92	1.07
	一般熟练 均值	2.96	3.12	2.69	2.83
	一般熟练 标准差	0.76	0.73	0.87	1.12
	比较不熟练 均值	2.90	2.85	2.95	3.17
	比较不熟练 标准差	0.93	0.94	1.03	1.28
	非常不熟练 均值	3.16	3.33	2.91	3.07
	非常不熟练 标准差	0.68	0.69	0.84	0.76
F 检验		$F_{(4,261)}=2.35^{*}$	$F_{(4,278)}=4.15^{**}$	$F_{(4,292)}=2.06$	$F_{(4,309)}=2.09$

表 8.19 媒介信任、内外控人格特征与积极准社会交往的相关分析（$n=323$）

微博用户特征	积极准社会交往水平			
	积极准社会交往	积极认知卷入	积极情感卷入	积极行为卷入
媒介信任感	0.089	0.074	0.045	-0.008
内外控人格特征值	0.019	-0.085	0.054	0.029

（三）微博用户消极准社会交往表征特征分析

对于调查样本中的总体微博用户进行分析，得到如下结果：

(1) 消极准社会交往程度较高，超过一般水平（均值为 3.37）；

(2) 消极准社会交往各结构因素中，消极认知卷入、消极情感卷入和消极行为卷入均较高，超过一般水平（均值分别为 3.45、3.07 和 3.49）；

(3) 消极准社会交往与各因素呈现高度相关，说明消极准社会交往的内在结构稳定；消极准社会交往各因素之间均呈现显著相关，但各因素间的相关程度仍然存在一定的差异，其中消极认知卷入与消极行为卷入具有高相关性（相关系数为 0.621），而消极认知卷入与消极情感卷入间仅维持较低相关性（相关系数为 0.277）。

具体分析结果如表 8.20 和图 8.2 所示。

表 8.20 微博用户消极准社会交往总体特征分析（$n=214$）

因素结构	均值	标准差	消极认知卷入	消极情感卷入	消极行为卷入
消极准社会交往	3.37	0.81	0.885***	0.654***	0.788***
消极认知卷入	3.45	0.95	—	0.277***	0.621***
消极情感卷入	3.07	1.15	—	—	0.382***
消极行为卷入	3.49	1.04	—	—	—

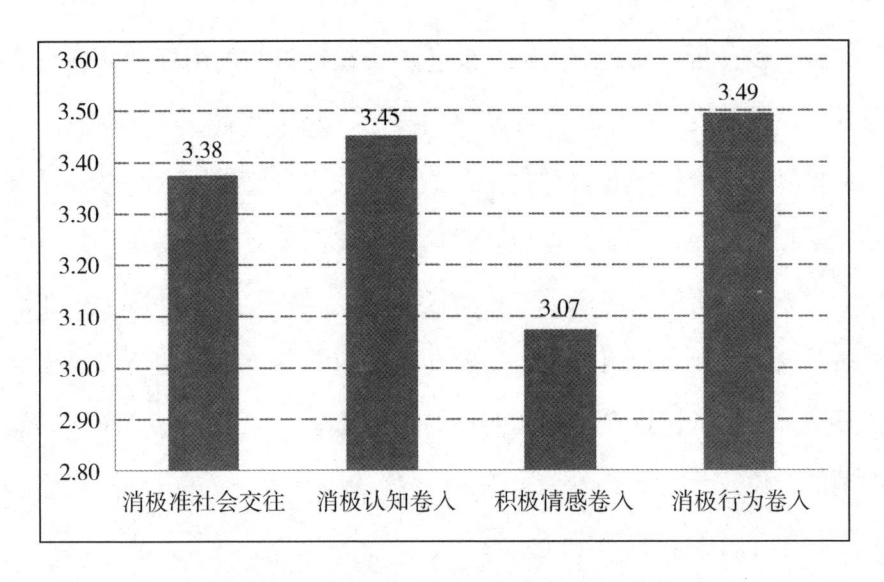

图 8.2 消极准社会交往及各因素水平的比较分析

（四）微博用户消极准社会交往具体特征分析

1. 不同准社会交往对象条件下的微博用户消极准社会交往特征差异分析

本研究中，将微博用户准社会交往对象主要分为三类，即非媒介人物、杰出人物和大众媒介人物，其中大众媒介人物细分为文体明星、媒体从业者、成功商人、网络草根和虚拟人物。本小节将考察微博用户在面对以上不同的准社会交往对象时，在消极准社会交往上具有怎样的差异特征。

分析结果表明，微博用户对三类不同的准社会交往对象，在消极准社会交往程度上不存在显著差异；相比较而言，大众媒介人物在消极准社会交往程度上均要稍高于其他两类交往对象，且在消极情感卷入和消极行为卷入程度上均高于其他两类交往对象。

进一步分析大众媒介人物内的各类交往对象间的消极准社会交往差异，结果发现，微博用户对文体明星、媒介从业者、成功商人、网络草根以及品牌机构五类对象，在消极准社会交往程度上不存在显著差异，相比较而言，他们对文体明星消极准社会交往程度高于其他类别的对象。分析结果还揭示，在消极准社会交往的两个维度上，即消极情感卷入上，微博用户对大众媒介人物内的各类对象的卷入水平存在显著差异；微博用户对文体明星的消极情感卷入水平显著高于其他类别的对象。

具体分析如表 8.21 所示。

表 8.21　不同准社会交往对象条件下微博用户消极准社会交往差异分析（$n=323$）

消极准社会交往对象		消极准社会交往水平			
		消极准社会交往	消极认知卷入	消极情感卷入	消极行为卷入
非媒介人物	均值	3.27	3.56	2.65	3.30
	标准差	0.73	0.86	1.15	0.84
杰出人物	均值	3.09	3.29	2.67	3.08
	标准差	0.44	0.92	1.46	0.83
大众媒介人物	均值	3.39	3.45	3.10	3.51
	标准差	0.83	0.97	1.15	1.06
F 检验		$F_{(2,188)}=0.28$	$F_{(2,196)}=0.11$	$F_{(2,200)}=0.88$	$F_{(2,206)}=0.50$
文体明星	均值	3.54	3.59	3.35	3.55
	标准差	0.81	0.94	1.13	1.08
媒体从业者	均值	3.04	2.98	3.17	2.78
	标准差	0.90	1.37	1.45	1.29

续表

消极准社会交往对象		消极准社会交往水平			
		消极准社会交往	消极认知卷入	消极情感卷入	消极行为卷入
成功商人	均值	3.36	3.56	2.73	3.67
	标准差	0.86	1.09	1.06	1.09
网络草根	均值	3.28	3.28	3.06	3.43
	标准差	0.84	0.98	1.08	1.05
机构品牌	均值	3.37	3.66	2.58	3.75
	标准差	0.81	0.81	1.29	0.90
F检验		$F_{(4,173)}=1.13$	$F_{(4,181)}=1.57$	$F_{(4,185)}=2.40^*$	$F_{(4,190)}=1.22$

2. 不同微博用户消极准社会交往特征差异分析。

分析结果发现，不同微博使用时长的用户，在消极准社会交往上不存在显著差异；但相比较而言，微博使用时间越短的用户，表现出消极准社会交往程度越高；分析结果还进一步揭示在消极准社会交往的消极认知卷入和消极行为卷入程度上，微博使用时长较短的用户表现出高于微博使用时长较长的用户，但在消极情感卷入程度上，微博使用时长较长的用户则表现为高于微博使用时长较短的用户。

分析结果还发现，每天使用微博时长不同的用户，在消极准社会交往程度上不存在显著差异；但相比较而言，每天使用微博时长越短的用户，表现出消极准社会交往程度越高；分析结果还进一步揭示在消极准社会交往的消极认知卷入和消极行为卷入程度上，每天使用微博时长较短的用户表现出高于每天使用微博时长较长的用户，但在消极情感卷入程度上，每天使用微博时长较长的用户则表现为高于每天使用微博时长较短的用户。

分析结果还表明，微博使用熟练程度不同的用户，在消极准社会交往程度上不存在显著差异；但相比较而言，熟练程度越高的用户，仍表现出消极准社会交往程度越高。分析结果还进一步揭示在消极准社会交往的消极情感卷入程度上，使用微博熟练程度高的用户，显著高于微博使用熟练程度较低的用户；但在消极情感卷入和消极行为卷入两个维度上，未发现相同趋势。

研究使用相关分析方法对媒介信任感与消极准社会交往及其三个维度的关系进行分析，结果表明媒介信任感与消极准社会交往不存在显著相关，媒介信任感与消极认知卷入、消极情感卷入和消极行为卷入也不存在显著相关。

研究使用相关分析方法还对内外控人格特征与消极准社会交往及其三个维度的关系进行分析，结果表明内外控人格特征与消极准社会交往不存在显著相关，内外控人格特征与消极认知卷入和消极行为卷入也不存在显著相关；但是内外控人格特征与消极情感卷入存在显著正相关，说明偏外控的人格特质具有更高的消极情感卷入。

具体分析结果如表8.22和表8.23所示。

表8.22 不同微博用户消极准社会交往特征的方差分析（$n=323$）

微博用户特征			消极准社会交往水平			
			消极准社会交往	消极认知卷入	消极情感卷入	消极行为卷入
微博使用时长	还不到1个月	均值	4.30	4.75	2.88	5.00
		标准差	0.14	0.35	1.24	0.00
	1个月~半年	均值	3.43	3.52	3.01	3.68
		标准差	0.75	0.88	1.05	0.83
	半年~1年	均值	3.43	3.56	3.06	3.40
		标准差	0.86	0.97	1.21	1.00
	1年~2年	均值	3.37	3.45	3.13	3.47
		标准差	0.79	0.97	1.20	1.08
	2年以上	均值	3.31	3.34	3.08	3.48
		标准差	0.87	0.97	1.16	1.10
	F检验		$F_{(4,182)}=0.78$	$F_{(4,190)}=1.24$	$F_{(4,194)}=0.08$	$F_{(4,200)}=1.37$
每天使用微博时长	半小时以内	均值	3.26	3.33	2.93	3.51
		标准差	0.82	0.93	1.09	0.92
	半小时~1小时	均值	3.37	3.59	2.91	3.44
		标准差	0.77	0.89	1.18	1.03
	1~3小时	均值	3.60	3.55	3.40	3.70
		标准差	0.76	0.93	1.04	1.00
	3~6小时	均值	3.05	3.05	2.96	3.15
		标准差	1.01	1.30	1.36	1.39
	6小时以上	均值	3.12	2.96	3.50	3.06
		标准差	1.22	1.14	1.42	1.69
			$F_{(4,184)}=1.89$	$F_{(4,191)}=1.77$	$F_{(4,196)}=2.03$	$F_{(4,202)}=1.26$

续表

微博用户特征			消极准社会交往水平			
			消极准社会交往	消极认知卷入	消极情感卷入	消极行为卷入
微博使用熟练程度	非常熟练	均值	3.39	3.28	3.34	3.48
		标准差	0.97	1.07	1.12	1.19
	比较熟练	均值	3.50	3.60	3.30	3.57
		标准差	0.80	0.98	1.17	1.09
	一般熟练	均值	3.34	3.56	2.75	3.50
		标准差	0.74	0.86	1.10	0.96
	比较不熟练	均值	3.19	3.35	2.85	3.39
		标准差	0.71	0.67	1.22	0.74
	非常不熟练	均值	2.82	2.59	2.42	3.33
		标准差	0.25	0.50	1.01	0.33
F 检验			$F_{(4,183)}=0.87$	$F_{(4,191)}=1.81$	$F_{(4,195)}=3.08^*$	$F_{(4,201)}=0.14$

表8.23 媒介信任、内外控人格特征与消极准社会交往的相关分析（$n=323$）

微博用户特征	消极准社会交往水平			
	消极准社会交往	消极认知卷入	消极情感卷入	消极行为卷入
媒介信任感	0.036	0.081	0.005	0.014
内外控人格特征值	0.047	-0.055	0.154*	0.077

<<< 第八章 微博准社会交往的特征分析

第四节 研究总结

本研究对基于微博这一特殊的媒介平台,从对象特征、受众特征以及交往过程特征三个方面,对微博用户的准社会交往进行特征分析,得到了一些有价值的结果。

一、明星是微博积极准社会交往最重要的对象

以大众传媒为背景的准社会交往研究,其主要对象包括演员、歌手、球星以及广播主持人、电视主持人等,更准确地说,可以将之归为"明星"一类。明星是商业社会的产物,所谓明星,除了广为人知的名声,还需要广为人知的个人形象。光是有名,却不能唤起人们对你的整体形象的记忆和联想,那就只能称为"名人",而不能称为"明星"。明星的言行和形象成为大众寄托梦想、超越平庸、表达喜怒哀乐的娱乐工具,羡慕、学习和模仿的对象。明星的这些特质,使明星很容易成为积极准社会交往对象。

本研究要求受访者提名1~2名关注且喜欢的微博人物,被提及频次最多的为文体明星,如"杨幂""周立波""张艺谋""王力宏"。这些都是当前各类娱乐节目,尤其是各类真人秀中最活跃的嘉宾以及主持。研究结果发现,即使是在微博这样的网络媒介环境下,人们仍然对这些明星们津津乐道,文体明星始终是微博用户最重要的积极准社会交往对象。本研究结果与以往研究结果主要结论存在一致性。如葛进平，毛良斌等人（2005，2011，2013）三次调查的数据显示，崇拜的人物类型多元，但主要以明星为主。

无论普通受众还是微博用户，将明星作为积极准社会交往的对象还具有深层次的原因。吸收—成瘾模型认为折中的身份认同和薄弱的心理边界结构促进了对明星的心理吸收，试图建立一种身份感、充实感和满足感，而该动机力量反过来又强化了吸收而成瘾，导致了更加极端的行为来保持这种拟社会关注（McCutcheon, Lange, Houran, 2002；李北容，申荷永，2010）。受众与明星的这种强心理关系起到了关键作用。对准社会关系弱的崇拜人物进行比较研究发现，受众对这些人物的反应更多的是仰望、是爱戴、是敬重，难以学习，不能模仿。伯明翰学派的著名学者约翰·费斯克（John Fiske），在20世纪80年代末的著作《理解大众文化》（*Understanding Popular Culture*）中，提出了两种经济的理论（金融经济和文化经济）。在文化经济中受众是消费者，大众媒体传播的内容只有经过有能力"生产"意义和快感的受众的"解读"，才有可能实现真正的使用价值。而大众媒介人物，特别是明星是受众重点"解读"或"消费"的对象。

二、草根人物是微博消极准社会交往最主要的对象

与微博积极准社会交往对象不同，研究结果揭示微博消极准社会交往对象多为草根人物。这种结果的差异性多半是由积极准社会交往和消极准社会交往两者不同的理论内涵导致。

首先，积极准社会交往从情感上说，是由于受众对交往对象的喜好，从认知上说，是由于对交往对象的认同（可能包括身份认同、价值观认同，甚至是仅仅因为相似性），从行为上讲，会表现出亲近、模仿的行为倾向。而消极准社会交往从情感上说，是由于受众对交往对象的厌恶，从认同上说，是由于对交往对象的否定或者说不认同。这些是两者在交往行为上的本质差异，这种本质差异是造成交往对象差异最内在的原因。

其次，从交往对象的角度来说。明星们的行为是高度控制和组织化的，他们大都有相关的经纪人和公关公司，帮助其塑造形象，规范公共场合的言行表现。即使是在微博这样的网络空间发言、发帖，也都会经过专业机构或专业人员的审核与把关，这样一种高度组织化的行为，在呈现之前极有可能已经进行过影响效果的评估，因此极少有可能会为其带来负面影响；而对于草根人物来说，情境则完全不一样。草根人物之所以被称为草根，关键在于他的草根性，即一方面他们身上要体现普通小人物的个性特征，另一方面，为了区别于一般小人物的个性特征，又必须呈现与普通小人物差异性的一面。这种差异性，如果不能以正面形象或行为引起注意，那么通过呈现负面形象或消极行为是引起网络受众最容易的途径。本研究的调查中，消极准社会交往对象中被提及频次较高的人物就包括"凤姐""留几手"这样的网络草根，就微博用户对"凤姐"微博的评价，一般都是"低俗""卖弄""无聊"和"炒作"，人们一边漫骂这一微博人物本身的言行，另一方面又很享受自己这样肆无忌惮的漫骂；对"留几手"微博的评价同样如此，一般都是"说话尖酸刻薄""无德无底线""损人不利己"

"话说得太难听"等。其实微博用户的评价方式与其评价对象的表现，从表面上看并不存在多大差距，但批判的一方似乎站在更高的道德位置。微博消极准社会交往以某种方式满足了人们对理想道德自我的塑造，这或许是他们乐此不疲地关注这些令自己讨厌人物的最重要的原因。

调查结果也显示，明星一方面可以是积极准社会交往的对象，但有些时候也会成为消极准社会交往的对象。在微博媒介平台上，明星既是偶像又是玩偶。在一部分人那里，明星是他们崇拜的偶像，是人们羡慕的对象；但在另一部分人那里，微博用户们也经常把娱乐明星当作玩偶，在明星身上寻开心，拿明星作谈资，靠骂明星来出气。或许正因为如此，明星才是活的偶像，而不是死的偶像。

三、微博使用时长及使用技巧能对微博准社会交往影响显著

本研究中，对报告微博积极、消极准社会交往与未报告微博积极、消极准社会交往的微博用户进行差异分析，结果发现微博使用时间及每天使用微博时间越长的微博用户越倾向于报告积极准社会交往；而微博使用技巧越熟练的微博用户越倾向于报告积极准社会交往和消极准社会交往。另外，研究结果还发现，微博使用时间和每天使用微博时间越长的微博用户，其积极准社会交往程度越高；微博使用技巧越熟练的微博用户，其积极准社会交往和消极准社会交往程度均表现得越高。这一结果说明，产生微博准社会交往存在两个必要条件，即使用的时间和使用技巧的熟练程度。

第八章 微博准社会交往的特征分析

微博准社会交往，无论是积极还是消极，从本质上来说，是微博用户对微博人物产生的一种单向性的心理关系图式，这种图式的产生不可能是一次性完成，需要微博用户在微博平台上与微博人物经过一定时期的接触，从而使微博用户对微博人物产生一定的认知及情感关系。因此，时间是形成这一关系必不可少的客观条件。但研究结果也进一步揭示，这一条件仅于积极准社会交往关系的形成时成立，对消极准社会交往来说，时间并不是一个必要条件。对于这一结果，一个可能的解释是，消极准社会交往的产生更依赖于微博用户的情感反应而非认知反应，而积极准社会交往的产生可能会同时兼顾情感反应和认知反应。心理学研究表明，基于情感反应关系的建立从效率来说会更高，因为情感反应的产生一般情况是自动的，本能性的，并不需要过多的系统认知加工；而基于认知反应关系的建立从效率来说是缓慢的，因为认知反应需要收集大量的相关信息，而收集信息这一过程可能需要微博用户花费较多的时间关注微博人物。因此，关注时长对于积极准社会交往而言是一个更重要的客观条件。

此外，微博使用技巧熟练对微博准社会交往的影响也是本研究一个非常重要的发现。与电视、广播以及报纸这样的大众媒介背景相比，微博这样的媒介平台在使用者准入门槛上存在更多的限制，如注册微博账号、具备微博使用的基本技能、具有进入网络的用户端口等；作为媒介平台的微博，如何关注信息、如何对微博人物进行互动等，这些都是以微博使用者具备相应的操作条件作为前提的，这样的门槛将相当部分的大众媒介受众阻挡在微博媒介平台之外。具备熟练的微博使用技巧，将使微博使用者更便利、更自主地获取他所关注微博人物的信息，这对于微博准社会交往无疑是非常有利的。因此，在大众媒介环境中，媒介使用技巧并不是一个决定性的影响因素，但对于微博这样的新媒体环境，使用技巧是不容忽视的影响因素。

四、媒介使用动机、内外控人格及媒介信任感对微博准社会交往没有显著影响

媒介使用动机被认为是准社会交往的一个重要原因变量（Kim & Rubin, 1997; Rubin, Perse & Powell, 1985）。使用与满足理论认为，媒介使用者在媒介消费中的主要动机在于获取他们所需要的信息（Katz, Blumler & Gurevitch, 1973），基姆和鲁宾（1997）将媒介使用动机区分为两类，即工具性使用动机和习惯性使用动机，且他们的研究结果发现，工具性媒介使用动机的消费者会表现出更高程度的准社会交往。本研究中我们将工具性使用动机区分为了解新闻资讯、结识新朋友、增加与偶像互动机会和增进与朋友间的友谊，但研究结果并未发现这些不同使用动机的微博用户在积极或消极准社会交往上存在显著差异。造成这一结果可能来自本研究对工具性动机的操作性定义，本研究操作性定义可能无法有效地区分出不同类型的动机。另外，也有可能在微博媒介环境之下，媒介使用动机并不是一个有效的预测指标。

一些研究者也曾将内外控人格作为预测准社会交往的一个重要指标（Auter, Lane, 1999）。内外控人格源于罗特（Rotter）（1966）提出的一个控制源概念，他将控制源分为两类，即内控与外控。内控源的人倾向于认为事物的原因在于自己，自己才是所有事件的主因；而外控源的人倾向于认为事物的原因在于环境，情境及外在于自己的因素才是所有事件的主因。一些研究者根据控制源理论，推断准社会交往更容易产生于外控型的人格特质，他们更容易受到外界因素的影响，而内控型的人则不容易受外界因素的影响。奥特（1999）等人的研究并没有发现支持这一假设的经验证据，本研究的结果也无法进一步验证这一假设。

此外，本研究结果也未发现媒介信任感对准社会交往具有显著影响。虽然信任在准社会交往研究中，被认为是准社会交往一个非常重要的原因变量。但在本研究中，我们对信任的测量指标主要操作化为对网络内容和对微博内容的总体信任感。可能媒介信任感还包括受众对关注微博人物的信任感，本研究的操作化定义可能严重地漏失了这一核心层面的信任内涵，导致未发现媒介信任与准社会交往之间的关联性。

第九章

微博准社会交往对议程融合的影响研究

第一节 问题提出

对准社会交往的效果探讨一直以来是准社会交往研究中的一个核心内容。以往对准社会交往效果的研究比较关注的是对少数群体偏见的减少以及说服效果。如希帕、格雷格和休斯（2005）提出了准社会接触假设（parasocial contact hypothesis）。根据准社会接触假设，和某个少数群体成员的积极准社会交往，会提高对该角色的积极情感，对个体的积极态度随后会转变成对该群体其他成员的积极情感，从而最终导致减少对该少数群体的偏见。对这一理论进行的两个实验结果发现，对电视节目《粉红救兵》中同性恋角色的准社会交往，会减少对男同性恋者的偏见。鲁宾和什捷普（2000）研究发现与广播脱口秀主持人的准社会交往会导致态度和行为的改变。他们的研究检验了动机、人际吸引及准社会交往对收听公众广播的影响，分析结果发现准社会交往与经常收听和有意收听相关；另外，与主持人产生准社会交往的听众会把主持人视为一个信息可信的来源；而认为主持人可信的观念反过来会使媒介角色对听众收听和行为产生影响效果。因此他们得出结论，准社会交往的结果可以提高可信度，也会提高对媒介角色的收听行为。媒介角色之所以具有影响效力主要原因可能是听众和观众认为他们更可信。

其实，对准社会交往传播效果探讨还可以扩展到对公众舆论的影响。近年来，一些研究者开始关注到准社会交往对公众舆论的影响（毛良斌，2014），在现实生活中，公众人物经常成为受众形成自身观点、指导自己行为的参照群体，其影响力很大程度上取决于受众与他们的准社会交往程度。一些研究者认为，名人等公众人物在网络舆论演化过程中经常扮演着助推者的角色，对舆论的发展和走向具有极大的影响力。基于上述考虑，本研究将在微博媒介背景下，引入议程融合的视角，探讨准社会交往对公众舆论的效果。

第二节 理论背景与研究假设

议程融合（agenda melding）是肖（Show）和麦克姆斯（Mc-Combs）等人（1999）在网络传播技术出现后对议程设置理论的一个延伸假设，它强调受众在议程设置过程中的议程融合过程，即个体在社会生活中有着群体归属的诉求，为满足这一诉求而要选择加入某一群体，但因无法获得该群体的信息而形成了认知上的不和谐，所以个体为保持认知上的和谐而通过各种途径接触该群体的信息，进而逐步实现议程上的融合。议程融合的动因源自个体对群体的社会认同，这种认同直接导致了个体在不同认同水平上信息需求和接触的差异；议程融合的过程是信息的熵变（由大到小）过程，心理表征为逐渐产生特定的信息需求，行为表征为信息接触由平均趋向单一；议程融合的结果是关注融合（议程设置的第一层次）和意见融合（议程设置的第二层次），对于关注融合而言，是指在某一群体内，个体对特定议题给予关注的程度（个体的信息熵值下降到某一稳定程度且该程度与群体内其他个体的程度相一致）；对于意见融合而言，是指群体各成员对特定议题意见分歧的消除。

近年来随着微博、微信等自媒体的不断涌现，越来越多的网民利用网络这一平台表达自身利益诉求，网络舆论正成为社会总体舆论中最为重要、最具活力的主导性力量。2008年以来，几乎每一件国内外大事都会引发相应的网络舆情，对事件的发展也起着推波助澜的作用。网络舆论实质上是随着互联网技术的应用而产生的一种舆论形式，而议程融合的理论假设可以为我们观察网络舆论形成与发展提供良好的视角。首先，网络中的网民会根据各自的信息需要及利益表达需求，参与多种不同类型的网络社群，并在其中扮演各种身份与角色，如加入某一网络社区论坛、添加微信朋友圈、添加微博好友等；其次，网络上每天产生的各种议题会根据各类不同社群的偏好，通过多种渠道成为众多不同类型网络社群的关注中心及核心议题；再者，身处不同网络社群的网民，会努力保持与身处网络社群其他成员的一致性，这种内在的心理需要将影响到网民个体对特定议题的关注及对特定议题的态度及意见。因此，虽然议程融合的过程描述的是个体受到来自所属群体影响的过程，但如果延伸这个影响过程，从本质上说，是网络舆论形成的基础及动力源。议程融合理论从群体动力学的角度，为解释推动网络舆论形成与发展的心理动因提供了良好的视角。

一、社会认同、准社会交往与议程融合

在议程融合中，个体对社会群体的归属被认为是重要的自变量（Meraz, 2011），在个体受到群体影响的过程中，个体对群体的社会认同扮演重要角色（Ragas, 2010）。泰弗尔（Tajfel）（1978）认为，社会认同是"个体自我概念的一部分"，这种自我概念来自他/她对某类社会群体（或多个社会群体）的成员资格的认知，以及基于这个成员资格的价值和情感意义，社会认同强调的是个体行为如何反映出个体所在的更大社会单元。社会认同可以看作是"一个社会的成员共同拥有的信仰、价值和行动取向的集中体现，其本质上是一种集体观念，它是团体增强内聚力的价值基础"（Tajfel & Turner, 1986）；可以看作是"个人的行为思想与社会规范或社会期待趋一致"（张春兴，1993：27—28）。因此，从社会认同的理论内涵可以看出，社会认同是实现群体内不同成员间议程融合的主要原动力。

在以往的研究中，我们可以发现准社会交往与社会认同具有多层关联。由于社会认同具有多种多样的表现形式，角色认同就是其中一种特殊的社会认同形式。社会认同理论认为，社会认同受到人们所处

社会情境的影响巨大，尤其是人们所从属的群体或组织。一般地说，人们归属的群体可以分为两类，一是成员群体，二是参照群体。相比于成员群体来说，参照群体是一类人们希望归属的社会群体，他们愿意遵从该群体的规范来指引行为、引导评价的群体。斯莱特和鲁纳（2002）将角色认同定义为是媒介使用者主观感知到媒介人物与他们自身的相似程度，并认为角色认同存在两个维度：一是期望认同，即媒介使用者对媒介人物的渴望；二是相似性认同，主要是指媒介使用者会与媒介人物分享相同的观点或特质的程度。基于社会认同理论，可以发现角色认同的实质是媒介使用者将主观感知到的媒介人物视为一种重要的参照群体，并希望使用媒介角色所在的群体来规范自己的行为，指导自己的评价。

另一方面，准社会交往与角色认同具有很多相似之处。准社会交往对象往往是受众崇拜的偶像，在认知上说，他们往往对交往的对象表示肯定与积极评价，情感上表现出亲近与喜欢，行为上则倾向于模仿。准社会交往是一种单向性交往，受众在这种交往中也将媒介角色视为一种重要的参照群体，并希望遵从媒介角色所属群体的规范及价值。

本研究主要是在微博媒介环境下，考察准社会交往、社会认同与议程融合效果的影响关系。本研究所指的准社会交往主要为微博积极准社会交往，其包括三个维度，即积极认知卷入、积极情感卷入和积极行为卷入，议程融合效果则包括关注融合和意见融合。基于以下的理论论述，本研究提出如下假设：

H1：社会认同对议程融合效果具有积极显著影响，该假设包含两个分假设：

H1a：社会认同对群体成员在不同议题上的关注融合具有积极显著影响；

H1b：社会认同对群体成员在不同议题上的意见融合具有积极显著影响。

H2：积极准社会交往对关注融合效果具有积极显著影响，该假设包含3个分假设：

H2a：积极认知卷入对群体成员在议题上的关注融合具有积极显著影响；

H2b：积极情感卷入对群体成员在议题上的关注融合具有积极显著影响；

H2c：积极行为卷入对群体成员在议题上的关注融合具有积极显著影响。

H3：积极准社会交往对意见融合效果具有积极显著影响，该假设包含3个分假设：

H3a：积极认知卷入对群体成员在议题上的意见融合具有积极显著影响；

H3b：积极情感卷入对群体成员在议题上的意见融合具有积极显著影响；

H3c：积极行为卷入对群体成员在议题上的意见融合具有积极显著影响。

二、准社会交往与角色认同

科恩（2001）对角色认同和准社会交往进行了区分。他认为，角色认同和准社会交往是两种不同的现象，角色认同主要来自对媒介角色的心理依赖，媒介消费者想象自己是一个媒介角色参与媒介节目；而相比之下，准社会交往只是媒介消费者和媒介人物之间的交往互动而已。因此，角色认同是个体把自己想象成某个角色，而不是在保持自己身份条件下与角色之间的交往。虽然科恩（2001）区分了准社会交往和角色认同的差异，但不难发现，准社会交往是角色认同的前提，经由准社会交往形成的媒介使用者与媒介角色之间的准社会关系越强，那么角色认同程度就会越高。因此，准社会交往无疑将有效地促进对媒介角色的认同。

另外，如果准社会交往确实对角色认同具有明显的提升效果，那么准社会交往对议程融合效果的影响也有可能部分经由角色认同而得到实现。

基于上述考虑，本研究提出如下假设：

H4：积极准社会交往对社会认同具有积极显著影响，其中包括3个分假设：

H4a：积极认知卷入对社会认同具有积极显著影响；

H4b：积极情感卷入对社会认同具有积极显著影响；

H4c：积极行为卷入对社会认同具有积极显著影响。

H5：积极准社会交往对议程融合效果的影响过程中，社会认同具有部分中介效应，此假设包括2个分假设：

H5a：社会认同在积极准社会交往对关注融合效果影响中，具有部分中介作用；

H5b：社会认同在积极准社会交往对意见融合效果影响中，具有部分中介作用。

根据以上研究假设，可以构建得到本研究拟探讨的研究变量间关系路径模型图，如图9.1所示。

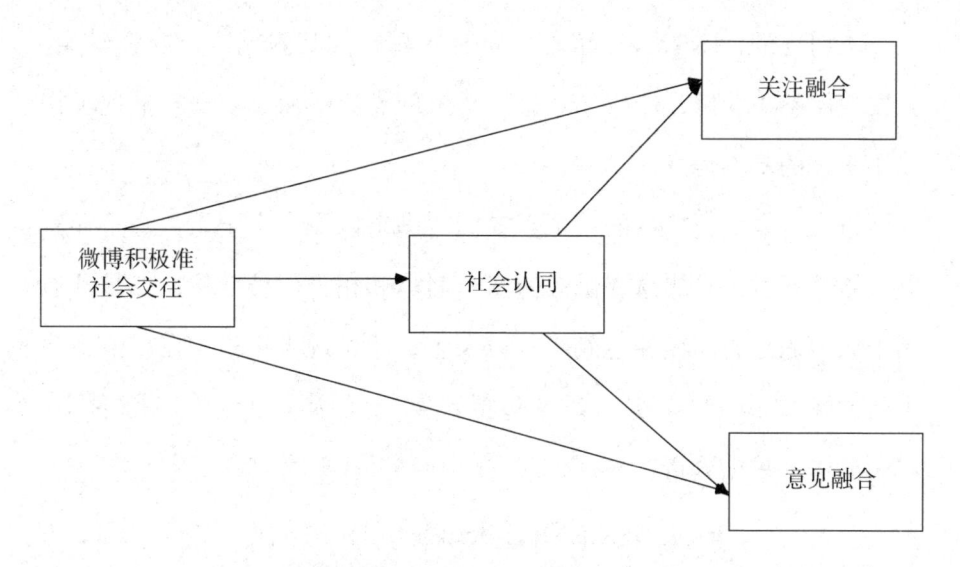

图 9.1 微博准社会交往对议程融合影响研究模型图

第三节　研究方法

一、研究取样

本研究的样本来自广东省一所省属高校及其附属中学在读学生，共发放问卷 400 份，回收 220 份，有效问卷 200 份。表 9.1 呈现了样本中个体的基本信息。

进入有效分析样本的被试需要同时满足以下三个条件：一是拥有新浪微博账号，且愿意提供微博账号名称和相关网址链接；二是开通新浪微博账号时间需要达到半年以及上；三是近半年来，在新浪微博上每周发微博数量至少 1 条（包括转发）。不满足上述任一条件下，将不能进入数据分析。

表 9.1　样本中个体被试基本信息一览（$n=220$）

人口统计学变量	类别	人数	百分比（%）
性别	男	80	40%
	女	120	60%
学生类别	中学生	11	5.5%
	本科生	181	90.5%
	研究生	8	4.5%

续表

人口统计学变量	类别	人数	百分比（%）
年龄	20 岁及以下	71	35.5%
	21~24 岁	125	62.5%
	25 岁及以上	4	2%
总计		200	100

二、变量测量

本研究所涉及的变量包括三个部分：微博积极准社会交往、社会认同和议程融合。

（一）微博积极准社会交往

研究使用自编微博积极准社会交往量表，本量表共包括17项测量项目。微博积极准社会交往包括三个子维度，即积极认知卷入（9个项目）、积极情感卷入（5个项目）和积极行为卷入（3个项目）。具体项目内容详见附表5。

（二）社会认同

本研究采用绘图测验的方法测量微博用户对微博人物的社会认同。绘图测验是一种广泛使用的、测量个体与群体关系的图画测验，研究表明绘图测验有效地解决了文字测验无法区分个体对群体的真实态度的问题（ALeach, Zomeren, Zebel, Vliek, Ouerkerk & Spears, 2008）。本研究参考了斯旺（Swann）（2009）的绘图测验，编制了认同绘图测验问卷（如图9.2）。其中小圆圈代表微博用户本人，大圆圈代表"被提名的微博人物所属群体"，二者重叠的部分代表微博用户与微博人物所属群体关系，即对微博人物所属群体的认同程度，两个圆圈的重合程度分别为0、25%、50%、75%、100%，代表从"完全不认同"到"完全认同"的5点评分。由于绘图测验能够测量微博用户内隐的认知和态度，因此本研究认为此测验会充分激发微博用户对微博人物及其所属群体的认知、情感和价值观念的内隐线索，所以，本研究以该测验的结果作为微博用户对微博人物所属群体的认同水平。具体测量内容详见附录四。

引导语：下面有两个圆圈，小的圆圈代表你个人，大的圆圈代表（你所提及的微博好友及其所属的社会群体），大圆圈和小圆圈重叠的部分代表你希望成为该社会群体成员的意愿程度，重叠部分越多，代表意愿越强烈。请在下面五个选项中选取你认为最符合你的一个选项并打"√"。

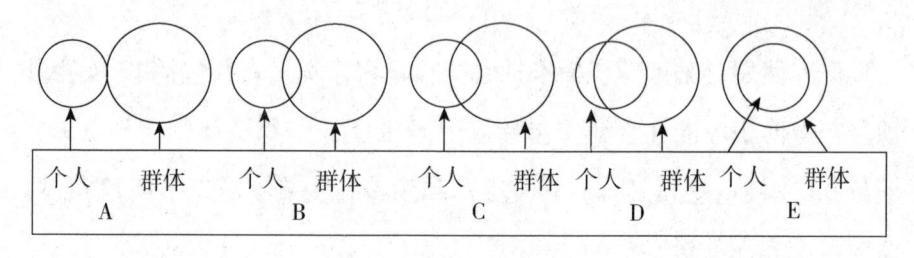

图9.2 认同绘图测验

（三）议程融合效果

"议程融合"的理论构念首次由肖和麦克姆斯（1999）提出，但并未提出议程融合效果测量方法，且其后未见相关实证研究。因此，对于本研究来说，需要根据研究具体情况构建议程融合效果的测量方法。

本研究根据议程融合的理论内涵,认为议程融合效果应该表现在两个方面,即关注融合(议程设置效果的第一层次)和意见融合(议程设置效果的第二层次)。本研究将议程融合效果操作化为关注融合和意见融合。

此外,由于议程融合是发生在群体层面的现象,同时议程融合又是过程性的现象,对议程融合效果的观察应该是连续性的(至少应在3个月以上)。因此,一次性调查所获得的横截面观测数据无法实现对议程融合效果的有效观测,即使使用3~5次的连续观测,一方面这类自然实验条件下的连续观测困难重重,数据质量监控难度大;另一方面,间歇性的连续观测带来的数据误差仍然很大,对议程融合效果的观测可能仍然无法令人满意。为了实现对议程融合效果的有效测量,本研究将从以下两个方面解决上述问题:

(1)研究拟构建二人(dyad)群组观测议程融合现象,即提名者和被提名者。二人群组既具有一般群体的特征,又使研究者对群组特征能进行很好的控制,非常适合本研究使用;另外,二人群组的数据分析是群体水平数据分析中最简单且最容易实现的。

(2)研究将利用提名者和被提名者的微博,从微博文本内容中提取相关数据,实现对议程融合效果的观测。一是,微博是一个开放性的数据库,只要提名者和被提名者愿意提供个人微博,研究者就可以获得其微博文本数据;二是,微博文本数据是历时性的,不受时间的限制,研究者可追溯到被试最原始最早的微博文本,且这些数据根本不会受到当前研究操作的污染;三是微博文本中的内容既体现了个人对议题的关注,也可能表达其对议题的观点或态度,因此通过对二人

169

群体中两个被试微博文本的分析，理论上可以实现对议程融合效果的观测（关注融合和意见融合）；四是，传播内容分析技术可以实现对观测微博文本中议题分类及意见态度的评估，具有方法的可行性。

三、基于内容分析的议程融合效果评估方法及结果

本研究根据议程融合的理论内涵，基于微博用户及其被提名微博人物的微博文本内容，采用内容分析的方法，测量微博用户与微博人物之间的关注融合和意见融合结果。

（一）内容分析编码类目构建及信度检验

研究对微博文本内容的分析主要包括两个方面，即微博文本涉及的议题类别，微博主对该议题的态度倾向。

对微博文本的议题类别，研究在借鉴安珊珊和杨伯淑（2008）等人的议题分类编码基础上，将微博文本的议题类别分为7类，议题类别及操作化定义如表9.2所示。

对微博文本各议题类别的态度评价主要分为3类，态度评价类别及操作化定义如表9.3所示。

对各类目信度的评估，本研究使用了2位编码者的编码结果来检验编码信度，同时使用两个信度指标Scottπ系数和Kappa系数对信度结果进行评估，这两个内容分析信度系数是目前最常用且有效的信度指标，一般来说，Scottπ系数是对信度更严格检验的一个指标（里夫，赖斯，菲克，2010），表9.2和表9.3检验结果显示，本研究内容分析

的各类目信度几乎均在 0.8 以上，达到可接受水平。对议题类别及议题态度的类目信度分析结果详见表 9.2 和表 9.3 所示。

表 9.2　微博文本内容分析的议题分类及类目信度检验结果

项目类别	操作定义	类目信度 Scott π 系数	类目信度 Kappa 系数
议题分类			
政治	涉及与政府相关、与国家相关、与国际关系相关等话题	0.85	0.87
经济	涉及生产、消费、金融、贸易、行业或企业等话题	0.84	0.85
文化	涉及科技、学术、历史、艺术、宗教、风俗、节庆等话题	0.78	0.81
军事	以军事力量为核心的保卫国家安全行为，包括军队、武器、国防政策、战争等具体问题	0.80	0.84
社会	涉及教育、医疗、住房、环境、治安、交通、就业、劳动保障、法制、道德与伦理、妇女儿童、两性问题、人口问题等话题	0.87	0.89
休闲娱乐	涉及体育、旅游、美食、保健、养生等话题	0.90	0.93
个人议题	涉及个人情感表达、个人故事经历、个人生活经验、个人语录和感悟等个人性话题	0.92	0.95
其他	广告、无内容、活动、通知、评选等上述分类未尽的内容	0.95	0.98

表 9.3 微博文本内容分析的态度评价分类及类目信度检验结果

项目类别	操作定义	类目信度 Scott π 系数	Kappa 系数
态度倾向			
积极	意义是褒义的或肯定的、使用的词语一般为正性词语，加肯定语气	0.93	0.95
中立或转发	无法从词语及语气来判断其态度倾向或纯粹转发	0.95	0.97
消极	意义是贬义的或否定的，使用的词语一般为负性词语，带疑问语气和质疑语气	0.94	0.96

（二）基于内容分析的议程融合效果评估方法

本研究中，对议程融合效果的测量方法主要步骤如下。

（1）确定截取微博文本内容的标准：由于研究无法对微博用户所有历时微博文本进行人工分析，在对样本被试中微博文本总体情况进行分析的基础上，确定了截取近 2 个月内的微博文本内容的方法来确定分析材料（2013.11.1~2013.12.31）。从截取文本内容的数量来看，平均每个样本微博能提供近 30 条左右的微博文本，200 个分析样本被试总共约产生 12000 条微博文本。本研究认为，这个数量适合分析所要求的资料数量，且数量规模也适用于人工分析。

（2）根据微博用户提供的个人微博账号和微博网址，进入微博用户的微博空间，截取 2013 年 11 月 1 日至 2013 年 12 月 31 日间的微博文本，根据内容分析编码类目系统分别对文本内容涉及的议题类别及对议题的态度倾向进行内容编码；

（3）根据微博用户提名的微博人物的账号和微博网址，进入该微博人物的微博空间，截取2013年11月1日至2013年12月31日间的微博文本，根据内容分析编码类目系统分别对文本内容涉及的议题类别及对议题的态度倾向进行内容编码；

（4）对微博用户及其提名的微博人物两者微博文本中提及的议题类别进行一致性分析。对两者议题类别的一致性分析的结果主要用于评估关注融合效果。本研究中，采用χ^2检验方法判断两者一致性的结果，并通过计算列联系数C来描述一致性程度。本案例中，当C值越低，说明一致性程度越高，C值越高，则说明一致性程度越低；

（5）对微博用户及其提名的微博人物两者提及议题的态度倾向进行相关度分析。对两者在各议题类别上的态度倾向相关度分析的结果主要用于评估意见融合的效果。本研究中，先对相同议题类别的等级数据进行合成，得到每个议题类别的等级分数；然后采用Spearman等级相关方法计算微博用户及其提名微博人物在各议题类别上态度倾向的等级相关系数。

（三）基于内容分析的议程融合效果评估结果

本研究中需要对200名样本被提供的400个微博空间中近12000条微博文本进行分析，以此评估关注融合和意见融合的效果。本章节中选取一名样本被试的内容分析结果作为案例，分析议程融合效果。选取编号为011的样本被试数据进行分析，对该样本被试与其所提名微博人物议题类别的一致性进行分析，评估关注融合效果，结果如表

9.4所示。表9.4评估结果显示，微博用户与其提名的微博人物在关注议题类别上存在较大的一致性，他们都表现出对休闲娱乐及个人议题的关注，且对政治、经济及军事等议题几乎没有兴趣（将近2个月内无任何一条微博文本内容提及甚至转发相关内容）。数据显示两者关注融合效果较好。根据议题类别的分布计数特征进行卡方检验，结果显示两者具有较高的一致性，列联相关C系数仅为0.202，进一步为两者间的关注融合效果提供精确量化描述。

表9.4 基于样本被试011数据分析得到的关注融合效果评估结果

微博主	议题类别							合计
	政治	经济	文化	军事	社会	休闲娱乐	个人议题	
微博用户	1	1	1	0	2	16	18	39
微博人物	0	0	3	0	1	11	19	34
评估结果	$\chi^2 = 3.07$（$p > 0.05$）、$R_C = 0.202$								

同样以编号为011的样本被试数据进行分析，对该样本被试与其所提名微博人物在相关议题类别上的态度倾向间的相关度进行分析，评估意见融合效果，结果如表9.5所示。表9.5评估结果显示，微博用户及其提名的微博人物对7类议题的态度倾向评价存在较大差异，微博用户对政治和经济等议题的态度倾向更积极，而被提名的微博人物其对文化等议题的态度倾向则更积极。数据显示两者意见融合效果较差。基于两者的态度等级排序结果进行等级相关分析，计算得到Spearman等级相关系数仅为0.162，此系数可为两者意见融合效果评估提供精确量化描述。

表9.5 基于样本被试011数据分析得到的意见融合效果评估结果

微博主	对议题类别态度倾向等级排序						
	政治	经济	文化	军事	社会	休闲娱乐	个人议题
微博用户	5	5	1.5	1.5	5	7	3
微博人物	2	2	6	2	6	6	4
评估结果	Spearmant 等级相关系数 r = 0.162						

第四节 研究结果

一、假设1结果检验

根据相关理论，本研究假设社会认同对议程融合效果具有积极显著影响。在检验社会认同对议程融合效果影响关系的分析中，研究主要使用结构方程模型方法进行。结构方程模型的一部分作用相当于回归分析，但是它和多元回归相比有较大的优势，因为结构方程模型将因变量的测量误差也考虑在内，而且还同时考虑变量间的相互关系，因此，结构方程模型的分析方法比传统多元回归分析更符合实际情况。对假设1的检验结果如图9.3和表9.4所示。

图9.3的结果分析是否有效，需要看满足所构建的路径分析模型是否成立，因此，首先需要对检验模型是否成立进行检验。表9.4的结果表明，为使分析所构建的路径模型各拟合指数基本令人满意，

RMSEA 为 0.08（小于 0.1），NFI 和 CFI 均在 0.85 以上，IFI 和 TLI 也在 0.90 以上，说明为分析所构建的路径分析模型成立，分析结果有效。

图 9.3 显示的分析结果表明，社会认同对关注融合效果影响显著（p<0.001），由于关注融合效果测量指标列联相关 C 系数越低说明一致性越高，因此路径系数为负数，说明社会认同对关注融合效果具有积极显著影响，本研究假设 H1a 得到数据的支持。图 9.3 显示的分析结果也表明，社会认同对意见融合效果的影响也是积极显著的，本研究假设 H1b 同样得到数据支持。

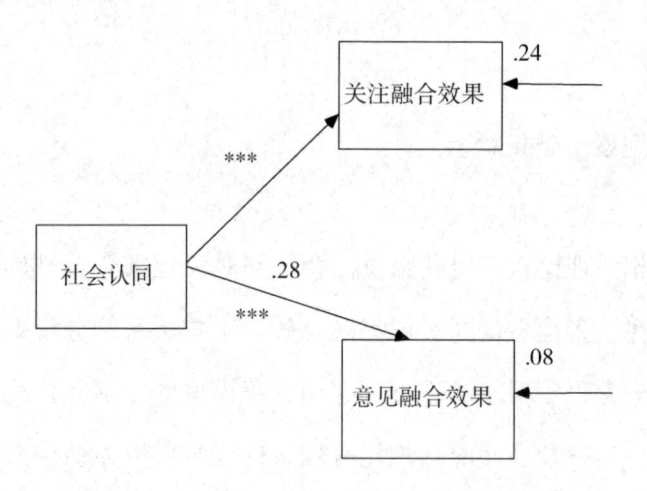

图 9.3 社会认同对议程融合影响的路径分析结果

表 9.4 社会认同对议程融合影响模型各主要拟合指数一览（$n=171$）

χ^2/df	RMSEA	NFI	CFI	IFI	TLI
1.79	0.08	0.87	0.90	0.90	0.90

<<< 第九章 微博准社会交往对议程融合的影响研究

二、对假设 2 和假设 3 结果检验

根据相关理论,本研究假设积极准社会交往以及各子维度对议程融合效果具有显著积极影响。对该假设的检验仍然使用结构方程模型方法,本研究构建出两个结构方程模型对假设 2 和假设 3 进行检验,如图 9.4 和图 9.5 所示。首先,在图 9.4 的结构方程模型中,将积极准社会交往作为一个外生潜变量,积极认知卷入、积极情感卷入和积极行为卷入作为积极准社会交往的三个观测指标;另外,将关注融合效果和意见融合效果分别设为内生潜变量,前者使用关注议题一致性作为其唯一观测指标,后者使用议题态度相关度作为其唯一观测指标;使用该模型,可以评估积极准社会交往作为一个潜变量对议程融合效果的影响关系。其次,在图 9.5 所示的结构方程模型中,将积极准社会交往的三个子维度分别作为外生显变量,而关注融合效果和意见融会效果直接作为内生显变量;使用该模型,可以分别检验积极准社会交往各子维度对议程融合的关注融合效果和意见融合效果的影响关系。对假设 2 的检验结果如图 9.4、图 9.5 和表 9.5、表 9.6 所示。

表 9.5 结果表明,为本分析所构建的路径模型各拟合指数非常令人满意,RMSEA 为 0.06(小于 0.1),NFI 和 CFI 均在 0.90 以上,IFI 和 TLI 也在 0.90 以上,说明为分析所构建的路径分析模型成立,可用该模型检验变量间的影响关系。

图 9.4 分析结果表明,积极准社会交往对关注融合效果具有积极显著影响(关注议题一致性主要由列联相关 C 系数来描述,该系数越

低,说明一致性越高,因此路径系数为负数,恰好说明影响是积极的),说明微博积极准社会交往对议程融合效果中的关注融合具有积极显著影响,本研究假设2得到数据有力支持;此外,积极准社会交往对意见融合效果也具有积极显著影响,本研究假设3也得到数据有力支持。因此,总体上说,积极准社会交往对议程融合效果具有积极显著的影响。

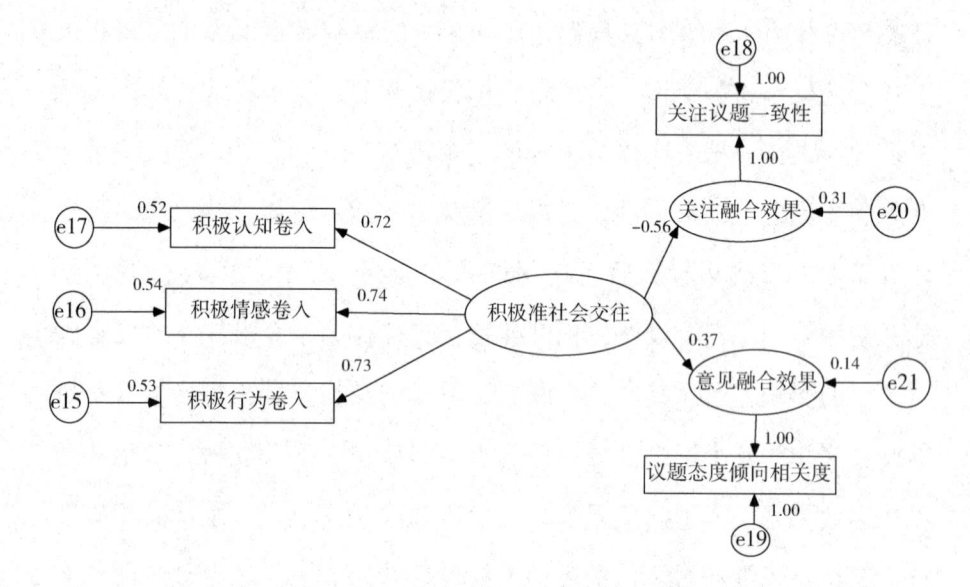

图 9.4 微博积极准社会交往对议程融合影响路径分析结果

表 9.5 积极准社会交往对议程融合影响模型各主要拟合指数一览 ($n=171$)

χ^2/df	RMSEA	NFI	CFI	IFI	TLI
3.38	0.06	0.91	0.93	0.93	0.90

为了进一步检验积极准社会交往各子维度对议程融合效果的影响,本研究构建出另一模型对上述影响进行检验,检验模型如图9.5

所示。表9.6结果表明，为本分析所构建的路径模型，除了RMSEA这一指标稍高之外（0.099，接近0.1），其他各主要拟合指数基本令人满意，NFI和CFI均在0.90以上，IFI和TLI也在0.90以上，说明为分析所构建的路径分析模型成立，可用该模型检验变量间的影响关系。

图9.5分析结果表明，积极认知卷入、积极情感卷入和积极行为卷入对关注融合效果具有积极显著影响，假设H2a、H2b和H2c得到本研究数据有力支持；图9.5分析结果还揭示，仅积极情感卷入对意见融合效果具有积极显著影响，积极认知卷入和积极行为卷入对意见融合效果没有显著影响，假设H3b得到本研究数据支持，假设H3a和H3c未能得到研究数据支持。这一结果说明，积极准社会交往对意见融合效果影响主要体现在积极情感卷入这一子维度上。

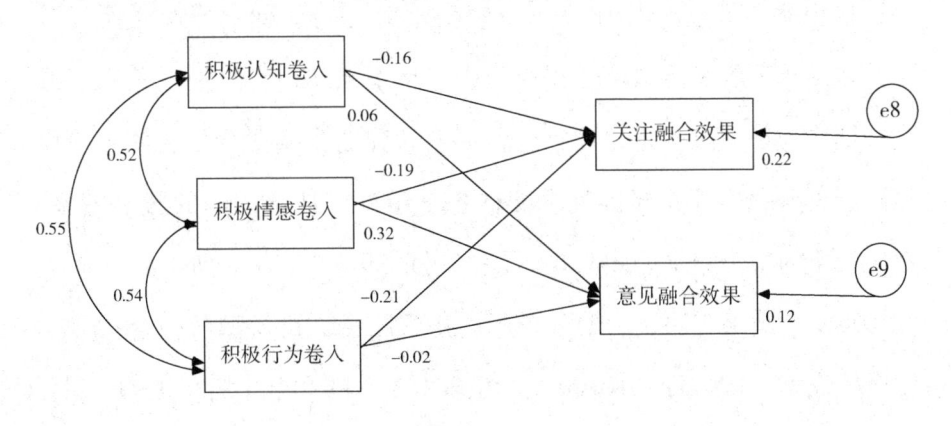

图9.5 微博积极准社会交往各子维度对议程融合影响的路径分析结果

表9.6 积极准社会交往各子维度对议程融合影响

模型各主要拟合指数一览（$n=171$）

χ^2/df	RMSEA	NFI	CFI	IFI	TLI
4.75	0.099	0.93	0.93	0.96	0.92

三、对假设4的检验

根据相关理论，本研究假设积极准社会交往以及各子维度对社会认同具有积极显著影响。对该假设的检验仍然使用结构方程模型方法，本研究构建出两个结构方程模型对假设4进行检验，如图9.6和图9.7所示。首先，在图9.6的结构方程模型中，将积极准社会交往作为一个外生潜变量，积极认知卷入、积极情感卷入和积极行为卷入作为积极准社会交往的三个观测指标；另外，将社会认同设为内生潜变量，群体认同绘图测验结果作为其唯一观测指标；使用该模型，可以评估积极准社会交往作为一个潜变量对社会认同的影响关系。其次，在图9.7所示的结构方程模型中，将积极准社会交往的三个子维度分别作为外生显变量，而社会认同直接作为内生显变量；使用该模型，可以分别检验积极准社会交往各子维度对社会认同的影响关系。对假设4的检验结果如图9.6、图9.7和表9.7、表9.8所示。

表9.7结果表明，为本分析所构建的路径分析模型各拟合指数非常令人满意，RMSEA为0.00（小于0.1），NFI和CFI均在0.99以上，IFI和TLI也在0.95以上，说明为分析所构建的路径分析模型成立，可用该模型检验变量间的影响关系。

图9.6分析结果表明，积极准社会交往对社会认同具有积极显著影响（关注议题一致性主要由列联相关C系数来描述，该系数越低，说明一致性越高，因此路径系数为负数，恰好说明影响是积极的），

本研究假设4得到数据有力支持。

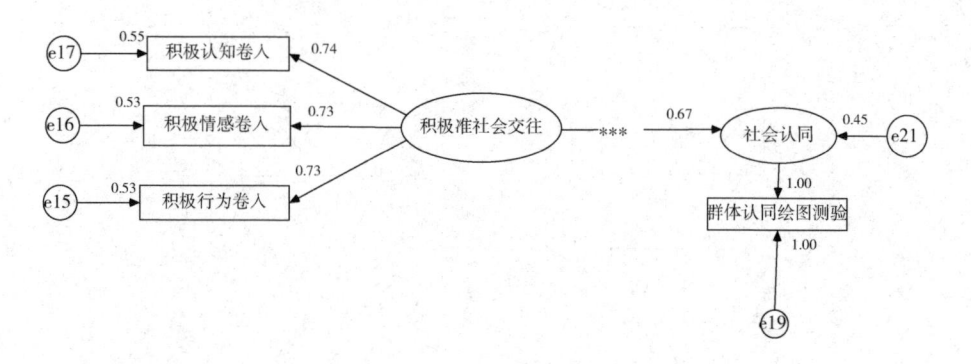

图9.6 微博积极准社会交往对社会认同影响路径分析结果

注：图中 * 表示 p<0.05，* * 表示 p<0.01，* * * 表示 p<0.001，下同。

表9.7 积极准社会交往对社会认同影响模型各主要拟合指数一览（ $n=171$ ）

χ^2/df	RMSEA	NFI	CFI	IFI	TLI
0.43	0.00	0.99	1.00	0.99	0.98

为了进一步检验积极准社会交往各子维度对社会认同的影响，本研究构建出另一模型对上述影响进行检验，检验模型如图9.7所示。表9.8结果表明，为本分析所构建的路径模型非常完美，各主要拟合指数非常令人满意，RMSEA接近0，NFI和CFI均为1，IFI和TLI也都达到1，说明为分析所构建的路径分析模型成立，可用该模型检验变量间的影响关系。

图9.7分析结果表明，积极认知卷入、积极情感卷入和积极行为卷入对社会认同的路径系数都是显著，说明积极认知卷入、积极情感卷入和积极行为卷入对社会认同具有积极显著影响，H4a、H4b和H4c得到本研究数据的有力支持。

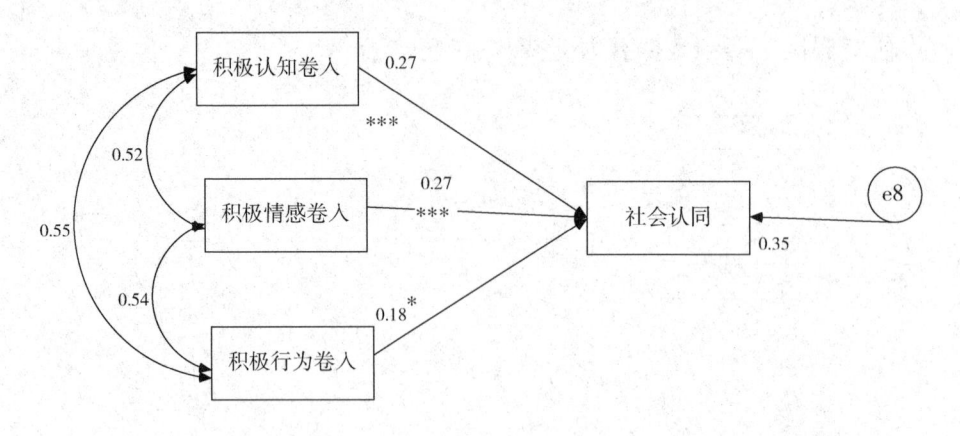

图 9.7 微博积极准社会交往各子维度对社会认同影响路径分析结果

表 9.8 积极准社会交往各子维度对社会认同影响

模型各主要拟合指数一览（$n=171$）

χ^2/df	RMSEA	NFI	CFI	IFI	TLI
0.00	0.00	1	1	1	1

四、对假设 5 的检验

根据相关理论，本研究假设积极准社会交往对议程融合效果影响的过程，社会认同具有部分中介效应。为对社会认同的中介效应进行检验，研究构建中介效应检验模型如图 9.8 所示。该模型将积极准社会交往视为外生潜变量，社会认同、关注融合效果以及意见融合效果均视为内生显变量。

根据 Baron 和 Kenny（1986）所提出的分析中介作用的标准，进行中介效应分析之前必须先确定几个前提条件，即自变量对因变量的影响是显著的,且自变量对中介变量的影响也是显著的,这样才能进一步分析中介效应是否存在。从对研究假设1、假设2、假设3以及假设4的检验结果来看,社会认同的中介效应检验满足以下前提条件。检验结果如图9.8和表9.9所示。

表9.9结果表明,为分析所构建的结构方程模型拟合效果好,各主要拟合指数令人满意,RMSEA为0.07,NFI和CFI在0.95以上,IFI和TLI也均在0.90以上,说明为分析所构建的结构方程模型成立,可用该模型检验变量间的影响关系。

图9.8分析结果显示,积极准社会交往对社会认同影响路径系数显著,社会认同对关注融合效果影响路径系数显著,且积极准社会交往对关注融合效果影响路径系数也显著,说明社会认同在积极准社会交往对关注公开融合影响过程中存在部分中介效应,假设H5a得到数据支持。

图9.8分析结果也显示,积极准社会交往对意见融合效果影响路径系数显著,且积极准社会交往对社会认同影响路径系数显著,但社会认同对意见融合效果影响路径系数不显著,因此需要通过Sobel检验(温忠麟,2004),来判断社会认同中介效应是否存在。Sobel检验表明,$\bar{z}$ = 0.542 <0.90（p>0.05),因此可判定社会认同在积极准社会交往对意见融合效果影响中不存在中介效应,假设H5b未得到数据支持。

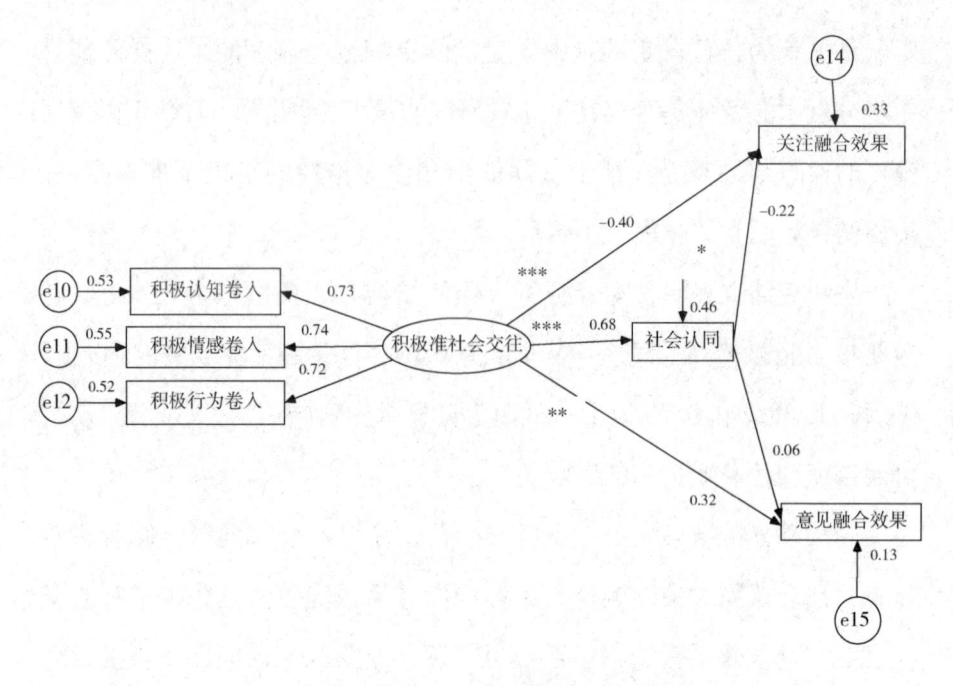

图9.8 社会认同中介效应结构方程模型分析结果

表9.9 社会认同中介效应检验模型各主要拟合指数一览（$n=171$）

χ^2/df	RMSEA	NFI	CFI	IFI	TLI
1.99	0.07	0.95	0.97	0.97	0.94

第五节 研究结论

议程融合是网络舆论形成及发展中一个重要过程，本研究通过考察准社会交往、社会认同以及议程融合三者之间的理论逻辑关系，认为社会认同既是推动议程融合进程的原动力，且在准社会交往影响议程融合效果的过程中具有中介效应。

一、社会认同是议程融合的内在原动力

本研究结果发现，社会认同不但对议程融合中的关注融合效果具有积极显著影响，且对意见融合效果具有积极显著影响。这一结果说明，在微博媒介环境条件下，微博用户对微博人物的群体认同，不但会使微博用户与微博人物关注的议题更趋于一致，而且还会使两者对共同关注议题的态度倾向更加趋近。因此社会认同在微博媒介环境下，是推进议程融合过程，提升议程融合效果的一个内在原动力。

本研究结果是对议程融合理论假设的一个直接证据。议程融合是一个源于议程设置理论但又高于议程设置理论的理论假设，是肖和麦克姆斯（1999）在传播环境发生巨变，互联网等新传媒技术迅速发展的条件下提出的。在新的媒介环境下，普通受众获取信息的机会大大增加，并在选择信息上拥有更多的自主性。在议程设置理论中，媒介议程影响受众判断是封闭单向的（林敏，江根源，2011），但议程融合理论则认为，"个体受众拥有与生俱来的加入团体的愿望和通过包括大众媒介在内的各种媒介了解、寻求融入与其旨趣相近的团体议题的行为"。由此可见，议程融合将受众接受议程的过程视为一种动态开放的过程。在这一过程中，理论提出者强调了个体与生俱来的归属感以及加入某一社会群体的强烈内在需求，即社会认同需求。正是这一认同需求，引导受众关注那些旨趣相近的群体正在关注的议题，且对议题形成何种态度倾向也同时受到群体的影响。这种影响机制有可

能是出于群体规范的作用，也可能是出于个人避免认知失调的内在压力，但不管出于哪种机制作用，其效果最终是受众与所认同的群体两者在关注议题及对议题的态度倾向两个方面逐步趋近甚至取得完全一致。受众对群体社会认同越高，这两方面的一致性也就会越高。本研究结果完全支持了议程融合的这一假设。

二、积极准社会交往在推进议程融合进程中具有重要功能

本研究结果发现，积极准社会交往对关注融合效果具有积极显著影响，且对意见融合效果也具有积极显著影响。另外，研究结果还揭示，积极准社会交往三个子维度，即积极认知卷入、积极情感卷入及积极行为卷入对关注融合效果均具有积极显著影响，但在对意见融合效果的影响过程中，仅有积极情感卷入是积极显著的，积极认知卷入和积极行为卷入对意见融合效果的影响不显著。

上述结果说明，在微博媒介环境下，微博用户对微博人物的积极准社会交往能有效提高议程融合中的关注融合和意见融合两个进程的效果，由此可见积极准社会交往确实在推进议程融合进程中发挥着重要功能。从积极准社会交往的本质来说，他是受众因为长期关注且喜欢某一媒介角色，因此对他与媒介角色的关系形成一种比较稳定的心理关系图式。因为存在这种稳定的心理关系图式，媒介角色的表现对受众会造成一定影响，如受众因为关注媒介角色而注意到该媒介角色关注的议题，或者受众因为喜欢媒介角色而同意媒介角色对某议题发表的观点意见，因为现实生活中的人们一般都会遵循评价一致原则。

如果喜欢某个媒介角色，但不同意该角色就某事件发表的观点，这两者之间不一致会引发个体内在的焦虑，消除这一焦虑的办法要么改变对媒介角色的喜好，或者让自己同意该角色发表的观点。对某一媒介角色准社会交往程度越高，那么改变对媒介角色的喜欢将非常困难，而改变自己的观点就相对容易很多。研究结果表明，在微博条件下，积极准社会交往确实对关注融合效果和意见融合效果具有积极显著影响。

然而，研究结果也进一步揭示积极准社会交往对关注融合及意见融合效果的影响机制存在差异。由于积极准社会交往存在三个子维度，即积极认知卷入、积极情感卷入和积极行为卷入，研究发现，这三个子维度对议程融合效果影响效应存在差异。

首先，积极认知卷入、积极情感卷入和积极行为卷入对关注融合效果均具有积极显著影响，这说明微博条件下积极准社会交往三种关系模式均对关注融合具有明显提升效果。

其次，情感认知卷入对意见融合效果具有积极显著影响，但积极认知卷入和积极行为卷入则不存在显著影响。这说明，在积极准社会交往中，情感关系程度对受众与微博人物取得观点一致具有决定作用。心理学研究中有关态度改变的研究成果表明，情感成分是态度结构中对态度倾向影响最大的一个因素。因此，如果微博用户与微博人物之间的准社会交往主要建立在受众对微博人物深度的情感卷入基础之上，那么通过改变自身与微博人物之间在观点上不一致是维持内在一致性评价最容易达成的方法。

三、社会认同是积极准社会交往影响议程融合的重要中介

本研究结果发现，积极准社会交往对社会认同具有积极显著影响；积极准社会交往不但对议程融合效果具有直接影响效应，而且其还以社会认同为中介，对议程融合中的关注融合具有间接影响效应。

上述结果说明，在微博媒介环境下，微博用户对微博人物的积极准社会交往会提高微博用户对微博人物所在群体的社会认同。一直以来，一些准社会交往研究者认为认同与准社会交往具有许多相似之处，认同的本义在于个体为适应社会环境做出迎合社会群体规范的需求进而调整自己的社会行为。对于受众对媒介角色的认同，斯莱特和鲁纳（2002）将其定义为媒介使用者主观感知到媒介人物与他们自身的相似程度，而且还进一步将这种基于角色的认同区分为期望认同和相似性认同。如果说上述相似性认同仅涉及对媒介角色与受众两者存在相似性的认知评价，其描述的是一般性的认同；期望认同则不同，它表现出了受众主动渴望遵循媒介角色的生活方式及价值观来指导自己，是深度认同的表现。因此，我们可以将角色认同视为社会认同的一种特殊表现，是受众为适应与媒介角色交往而产生自我调整，角色认同的形成是建立在个体对自我进行充分评估的基础之上的。准社会交往其在本质上是受众对其自身与媒介角色之间关系的心理表征，积极准社会交往源于受众对媒介角色的喜好及长久关注和积极评价，是对两者积极关系的心理关系图式。这种图式里包含着积极的认知评价关系、积极的情感反应关系和期望趋近的行为倾向。积极准社会交往

是受众与媒介角色在长期单向性人际交往过程中形成的关系评价。因此，当积极准社会交往越高，对两者之间的关系评价越高，那么受众有可能在内心里会产生更多的认同需求。在微博媒介环境条件下，积极准社会交往对社会认同影响的这一效果，得到了研究数据的有力支持。

本研究结果还揭示，在微博媒介条件下，积极准社会交往对议程融合效果的积极强化效果，其部分影响效应是通过社会认同这一中介产生的，但仅限于关注融合效果。为何社会认同的中介效应仅存在于积极准社会交往对关注融合效果的影响过程，而未见于对意见融合效果的影响过程？

其原因可能在于积极准社会交往以及社会认同影响议程融合两种进程的机制存在差异。首先，积极准社会交往的发生在一般情况下往往首先出于对媒介角色的情感喜好，进而形成认知及行为偏好，因此积极准社会交往本质是情感偏好的心理依赖。对媒介角色长期的关注是维持积极准社会交往的前提，这种持久性关注是维持积极准社会交往的结果之一；其次，社会认同体现的是个体寻求群体归属感的内在社会压力和需要，是个体为适应社会环境而产生的一种适应行为，社会认同的实现需要个体了解所归属群体的特征及规范，为了实现这一目的，个体需要去关注群体关注的议题，并努力使自己接纳群体的价值及观念。从这个意义上说，社会认同是推进议程融合的内在原动力。积极准社会交往基于情感偏好而导致受众与媒介角色两者在相关议题上具有较好的一致性，是积极准社会交往影响关注融合效果的内在机制。另一方面，社会认同因为寻求与所归属群体的相似性或者渴望按所归属群体的规范指导自己的内在需要，也导致受众需要去关注所归属群体相关的议题。而在基于情感偏好为主的积极准社会交往的推动下，因为社会认同而表现出的主动寻找相关议题的需求会更加强烈。这就可以解释准社会交往对关注融合的部分效应，可能是经由社会认同而得到实现的。

　　然而，对于意见融合效果的作用机制，两者则存在明显差异。一方面，数据分析发现，积极准社会交往总体上对意见融合效果具有积极显著影响，但三个子维度中，仅有积极情感卷入才对意见融合效果具有积极显著影响。这种影响效果产生的机制主要源于个体自我一致性评价需要，即个体必须使自己的情感偏好与认知评价是一致的。因此，积极准社会交往对意见融合效果的影响机制在于，个体为了维持自己对媒介角色的情感偏好，而使自己在对议题的意见或态度倾向上与媒介角色保持一致。另一方面，社会认同影响意见融合的内在机制是因为所归属群体的规范及价值系统对寻求加入该群体的成员具有社会性规范压力，是个体为适应更大社会单元生活做出的一种去个性化行为，从而避免导致个体对自身身份的认同上出现认知失调。积极准社会交往与社会认同遵循各自内在机制，作用于意见融合效果，这就可以解释社会认同会因为积极准社会交往得到强化，但在积极准社会交往影响意见融合效果的过程中不存在中介效应。在微博媒介环境下，本研究的数据分析发现上述两者的差异。

<<< 第九章 微博准社会交往对议程融合的影响研究

四、研究意义

以往准社会交往研究基本以探讨个体行为和个体效果为主，即关注个体对某个媒介角色的准社会交往行为，以及个体与媒介角色的准社会交往对个体将产生怎样的效果。本研究将研究对象的单元从个体延伸至群体水平，并在微博媒介环境下探讨积极准社会交往对群体成员议程融合过程的影响效果，取得了一系列具有重要意义的研究结果，这些结果主要表现在如下几个方面：

首先，本研究对议程融合效果提出一套可行的实证测量方法。议程融合理论假设自提出至今，国内外尚未见到相关实证测量手段。实证研究的困难一方面在于未找到合适的数据获取方法，另一方面也可能在未发展出对议程融合效果的可操作性定义。本研究在以上两个方面进行了有益的探讨。在数据获取方面，本研究创新地提出基于微博文本的持续性观察，以获取一长段合适时期内的观察数据；另一方面，本研究将议程融合区分为关注融合与意见融合，同时将关注融合操作化为观察期内成员间关注议题的一致性，将意见融合操作化为观察期内成员间对关注议题态度倾向的相关性。本研究为议程融合效果测量提供的方法及操作化定义，可以为后续相关的实证研究奠定方法基础。

其次，本研究将积极准社会交往的传播效果分析扩展至对公众舆论的影响，这在以往研究中是非常少见的。由于名人微博在网络舆论发展中往往承担重要的推手功能，而网络受众与名人之间往往均存在积极准社会交往。本研究对上述两个层面的事件进行关联分析，探讨积极准社会交往对公众舆论形成的影响效果，即积极准社会交往对议程融合的影响效果。研究结果发现，在微博媒介环境之下，微博用户对微博人物的积极准社会交往对两者间达成的关注融合和意见融合具有积极显著影响；进一步结果分析还揭示，积极准社会交往的三个子维度，即积极认知卷入、积极情感卷入和积极行为卷入均对关注融合具有积极显著影响，但仅有积极情感卷入对意见融合效果具有积极显著影响。这一结果说明，积极准社会交往对议程融合的作用机制在于以积极情感为核心的自我评价一致性，即个体需要对具有积极情感卷入的准社会交往对象维持在认知和情感两者上的一致，因此，需要与准社会交往对象也达成意见一致才可能会避免个体出现认知与情感的不和谐。

最后，本研究也进一步揭示了社会认同在议程融合过程中的原动力角色以及在积极准社会交往影响议程融合效果过程中承担的中介角色。议程融合理论假设的提出者认为，现实生活中人们需要归属于某一团队以实现社会认同的内在需求，会导致个体关注希望加入的群体关注的议题，并努力与群体其他成员在相关议题的意见上达成一致。这种社会认同作为一种内在原动力，推动着个体参与群体的各项进程，包括关注相关议题以及形成议题的意见，进而实现高度的议程融合。本研究在微博媒介环境下观察的数据支持了上述理论假设，并且还进一步发现，在积极准社会交往对关注融合影响的过程中，社会认同具有部分中介效应，这就意味着积极准社会交往对关注融合的影响效应一部分是通过直接影响，另一部分则是通过提升社会认同而得以实现的。但社会中介效应并未在积极准社会交往对意见融合影响过程中发现存在的证据。

综上所述，本研究不但对议程融合的理论假设进行了直接有效的验证，而且将积极准社会交往作为一个重要影响因素引入对议程融合效果的探讨，发现在微博媒介环境下，积极准社会交往对议程融合效果承担着重要推动功能。本研究的结果启示了未来准社会交往以及议程融合研究在新媒介背景下广阔的研究空间。

五、研究局限

首先，本研究取样仅限于在校中学生和大学生，且以本科大学生为主，年龄段也主要集中于20～25之间。研究样本对微博用户总体来说，是有偏的。研究结论未必适用一般的微博用户。未来研究需要在微博用户的职业身份以及年龄段特征上获取更多差异化特征的观察样本，以进一步检验本研究结果的外在效度。

其次，本研究对议程融合效果的测量主要基于dyad群体的水平分析。虽然两个群体已经基本具备群体的一般属性，但毕竟与现实群体是不同的。而且群体动力学的研究表明，群体规模对于群体动力内部各要素具有显著的影响效果，因此，当被观察的群体规模扩展到3人及3人以上时，本研究关注的变量间影响路径关系及效果是否仍然成立，是未来研究有待进一步检验的地方。本研究对议程融合的测量方法主要基于微博文本的内容分析，当扩大群体规模并延长数据的观察期时，带来数据分析工作量的成倍增长也是未来研究需要着力解决的难点之一。

参考文献

[1] 安珊珊,杨伯淑.多样性议题偏好与有限议题影响——互联网BBS论坛意见领袖舆论参与特征研究[A]//彭兰.中国新传媒传播学研究前沿.北京:中国人民大学出版社,2010:54-75.

[2] 包敦安,董大海.交易社区环境下的类社会互动关系的测量及实证检验[J].软科学,2010,24(5):124-128.

[3] 董奇.心理与教育研究方法(修订版)[M].北京:北京师范大学出版社,2004:182-208.

[4] 丹尼尔·里夫,斯蒂文·赖斯,弗雷德里克·G.菲克.内容分析法:媒介信息量化研究技巧(第2版)[M].北京:清华大学出版社,2010:103-115.

[5] 方建移,葛进平,章洁.缺陷范式抑或通用范式——准社会交往研究述评[J].新闻与传播研究,2006(3):68-72.

[6] 方建移,章洁.大众传媒心理学[M].杭州:浙江大学出版社,2007:34-45.

[7] 方建移, 葛进平. 老年人的媒介接触与准社会交往研究 [J]. 浙江传媒学院学报, 2009 (3): 91-93.

[8] 葛进平, 方建移. 受众准社会交往量表编制与检验 [J]. 新闻界, 2010 (6): 10-11.

[9] 葛进平. 西方准社会交往研究新进展 [J]. 浙江传媒学院学报, 2013, 20 (1): 96-100.

[10] 侯杰泰, 温忠麟, 成子娟. 结构方程模型及应用 [M]. 北京: 教育科学出版社, 2004: 25-233.

[11] 柯惠新, 王锡苓, 王宁. 传播研究方法 [M]. 北京: 中国传媒大学出版社, 2008.

[12] 李北容, 申荷永. 名人崇拜研究综述 [J]. 社会心理科学, 2010 (2): 7-12.

[13] 林敏, 江根源. 议程融合视域下国家形象的网络传播 [J]. 当代传播, 2011 (6): 34-36.

[14] 刘于思. 社交网站用户的准社会交往——以开心网、人人网媒介名人页面为例 [EB/OL]. http://www.doc88.com/p-29255554923.html, 2011-11-11.

[15] 马云去. 明星主持人如何与受众进行"准社会交往" [J]. 现代视听, 2007 (7): 52-54.

[16] 毛良斌. 广播主持人的个人魅力作用到底有多大——准社会交往对私家车主收听行为的影响 [J]. 青岛大学师范学院学报, 2012 (2): 45-49.

[17] 毛良斌. 准社会交往研究: 回顾与展望 [J]. 东南传播,

2104（3）：1－3.

［18］王重鸣. 心理学研究方法［M］. 北京：人民教育出版社，2003：46－209.

［19］吴明隆. SPSS 统计应用实务［M］. 北京：中国铁道出版社，2001：1－54.

［20］张文彤. SPSS 统计分析高级教程［M］. 北京：高等教育出版社，2004：213－134.

［21］章洁. 准社会交往中青少年明星崇拜的研究［J］. 当代传播，2009（1）：27－28.

［22］张春兴. 青年的认同与过失［M］. 台北：台湾东华书局、世界图书出版社，1993.

［23］AUTER P J. TV that talks back：An experimental validation of a parasocial interaction scale［J］. Journal of Broadcasting & Electronic Media，1992，36（2）：173－181.

［24］AUTER P J，PALMGREEN P. Development and validation of a parasocial interaction measure：The audience – persona interaction scale［J］. Communication Research Reports，2000（17）：79－89.

［25］BABBIE E. The practice of social research（影印版）［M］. 北京：清华大学出版社，2007：205－223.

［26］BANDURA A. Social Learning Theory［M］. Englewood Cliffs，NJ：Prentice Hall，1977：10－25.

［27］BALLANTINE P W，MARTIN B. Forming parasocial relationships in online communities［J］. Advances in Consumer Research，2005

(32): 197-201.

[28] BARTHOLOMEW K. Avoidance of intimacy: An attachment perspective [J]. Journal of Social and Personal Relationships, 1990, 7 (1): 147-178.

[29] BARON R M, KENNY D A. The mediator-moderator variable distinction in social psychological research: Conceptual, strategic, and statistical considerations [J]. Journal of Personality and Social Psychology, 1986, 51: 1173-1182.

[30] BOWLBY J. Attachment and Loss: Volume 1: Attachment [M]. London: The Hogarth Press and the Institute of Psycho-Analysis, 1969: 156-175.

[31] BROWN W J, BASIL M D. Media celebrities and public health: Responses to "Magic" Johnson's HIV disclosure and its impact on AIDS risk and high-risk behaviors [J]. Health Communication, 1995, 7 (4): 345-370.

[32] BROWN W J, BASIL M D, BOCARNEA M C. The influence of famous athletes on health beliefs and practices: Mark McGwire, child abuse prevention, and rostenedione [J]. Journal of Health Communication, 2003, 8 (1): 41-57.

[33] BREWER, M. B. A dual process model of impression formation [A]. In Srulland T K, Wyer R S (Eds.). Adual Process Model of Impression Formation: Advances in Social Cognition [C]. Hillsdale, NJ: Lawrence Erlbaum, 1988: 45-65.

[34] CAMPBELL R, BABROW A. The role of empathy in responses to persuasive risk communi – cation: Overcoming resistance to HIV prevention messages [J]. Health Communication, 2004 (16): 159 – 182.

[35] CHO H, BOSTER F J. Development and validation of value –, outcome –, and impression – relevant involvement scales [J]. Communication Research, 2005, 32 (2): 235 – 264.

[36] CHORY – ASSAD R M, YANEN A. Hopelessness and loneliness as predictors of older adults' involvement with favorite television performers [J]. Journal of Broadcasting & Electronic Media, 2005, 49 (2): 182 – 201.

[37] COLE T, LEETS L. Relationships in a parasocial way attachment styles and intimate television viewing: Insecurely forming [J]. Journal of Social and Personal Relationships, 1999, 16 (4): 495 – 511.

[38] COHEN J. Defining identification: A theoretical look at the identification of audiences with media characters [J]. Mass Communication & Society, 2001, 4 (2): 245 – 264.

[39] COHEN, J. Parasocial break – up from favorite television characters: The role of attachment styles and relationship in – tensity [J]. Journal of Social and Personal Relationships, 2004 (21): 187 – 202.

[40] EYAL K, COHEN J. When good "Friends" say goodbye: A parasocial breakup study [J]. Journal of Broadcasting & Electronic Media, 2006, 50 (3): 502 – 522.

[41] FISKE S T, NEUBERG S L. A continuum of impression forma-

tion, from category – based to individuating processes: Influences of information and motivation on attention and interpretation [A] //ZANNA M P (Ed.). Advances in Experimental Social Psychology (Vol. 23, 1 – 74) [C]. New York: Academic Press, 1990: 1 – 74.

[42] FREY L R, BOTAN C H, KREPS G L. Investigating Communication: An Introduction to Research Methods (2nd ed.) [M]. Boston: Allyn & Bacon, 2000.

[43] GILES D C. Parasocial Interaction a review of the literature and a model for future research [J]. Media Psychology, 2002, 4 (2): 279 – 305.

[44] GLEICH U. Parasocial interaction with people on the screen [A]. Winterhoff – Spurk P & Van der Voort T H A (Eds.). New Horizons in Media Psychology: Research Cooperation and Projects in Europe [C]. Opladen, Germany: Westdeutscher Verlag, 1997: 35 – 55.

[45] GRANT A E, GUTHRIE K K, BALL – ROKEACH S J. Television shopping – media system dependency perspective [J]. Communication Research, 1991, 18 (6): 773 – 798.

[46] GREEN M C, BROCK T C. The role of transportation in the persuasiveness of public narratives [J]. Journal of Personality and Social Psychology, 2000, 79 (5): 701 – 721.

[47] H ARTMANN T, SCHRAMM H, KLIMMT C. Personen – orientierte medienrezeption: Ein Zwei – Ebenen – Modell para – sozialer Interaktionen [J]. Publizistik, 2004 (49): 25 – 47.

[48] HARTMANN T, STUKE D, DASCHMANN G. Positive parasocial relationships with drivers affect suspense in racing sport spectators [J]. Journal of Media Psychology, 2008, 20 (1): 24 -34.

[49] HOFFNER C. Children's wishful identification and parasocial interaction with favorite television characters [J]. Journal of Broadcasting and Electronic Media, 1996 (40): 389 -402.

[50] HORTON D, WOHL R. Mass communication and para - social interaction: observations on intimacy at a distance [J]. Psychiatry, 1956, 19 (1): 215 -222.

[51] HORTON D, STRAUSS A. Interaction in audience - participation shows [J]. The American Journal of Sociology, 1957, 62 (6): 579 -587.

[52] HOULBERG, R. Local television news audience and the para - social interaction [J]. Journal of Broadcasting, 1984 (28): 423 -429.

[53] KATZ E, BLUMLER J G, GUREVITCH M. Uses and gratifications research [J]. The Public Opinion Quarterly, 1973, 37 (4): 509 -523.

[54] KATHLEEN S M. A place for PSI: Finding a role for parasocial interaction in hazards research [D]. The Florida State University College of Social Sciences, 2006.

[55] KIM J K, RUBIN A M. The variable influence of audience activity on media effects [J]. Communication Research, 1997, 24 (2): 107 -135.

[56] KLIMMT C, HARTMANN T, SCHRAMM H. Parasocial interaction and relationships [A] //Bryant J, Vorderer P (Eds.), Psychology of Entertainment [C]. Maweh, NJ: Routledge, 2006: 291-313.

[57] KNEPP S, KRESOVICH A, PARKER E et al. We may never meet, but we tweet: Examining the effect of twitter on parasocial relationships [C]. Norman, OK: AEJMC Midwinter Conference, 2012.

[58] LAZARSFELD P F, MERTON. Friendship as social process: A substantive and methodological analysis [A] //BERGER M (Ed.), Freedom and Control in Modern Society [C]. New York: Van Nostrand, 1954: 18-66.

[59] LEACH, C W, ZOMEREN M V, ZEBEL S et al. Group-level self-definition and self-investment: A hierarchical multicomponent model of in-group identification [J]. Journal of Persofiality and Social Psychology, 2008 (95): 144-165.

[60] LEVY M R. Watching TVnews as para-social interaction [J]. Journal of Broadcasting, 1979 (23): 69-80.

[61] McCUTCHEON L E, LANGE R, HOURAN J. Conceptualization and measurement of celebrity worship [J]. British Journal of Psychology, 2002, 93 (1): 67-88.

[62] McQUAIL D, WINDAHL S. Communication Models for The Study of Mass Communication (2nd ed.) [M]. Harlow: Longman, 1993: 156-205.

[63] McCROSKEY J C, McCAIN T A. The measurement of interper-

201

sonal attraction [J]. Speech Monographs, 1974, 41 (2): 261 – 266.

[64] NEUENDORF K A. The Content Analysis Guidebook [M]. California: Sage Publications, Inc., 2002: 141 – 166.

[65] PAPA M J, SINGHAL A, LAW S et al. Entertainment – education and social change: An analysis of parasocial interaction, social learning, collective efficacy, and paradoxical communication [J]. Journal of Communication, 2000, 50 (1): 31 – 55.

[66] PERSE E M, RUBIN R. Attribution in social and parasocial relationships [J]. Communication Research, 1989, 16 (1): 59 – 77.

[67] POOL I de SOLA. Trends in content anlysis today: A summary [A] //In Pool I de Sola. Trends in Content Analysis [C]. Urbana: Universtity of Illinois Press, 1959: 31 – 38.

[68] RAMASUBRAMANIAN S, KORNFIELD S. Japanese anime heroines as role models for U. S. youth: Wishful identification, parasocial interaction, and intercultural entertainment effects [J], Journal of International and Intercultural Communication, 2012, 5 (3): 189 – 207.

[69] RUBIN A M, PERSE E M, POWELL R A. Loneliness, parasocial interaction and local television news viewing [J]. Human Communication Research, 1985, 12 (2): 155 – 180.

[70] RUBIN A M, PERSE E M. Audience activity and soap opera involvement: A uses and effects investigation [J]. Human Communication Research, 1987 (14): 246 – 268.

[71] RUBIN, A M. Parasocial interaction scale [A]//RUBIN R B,

Palmgreen P, SYPHER H E (eds.), Communication research measures: A sourcebook [C]. New York: Guilford, 1994: 273 - 278.

[72] RUBIN A M, STEP M M. Impact of motivation, attraction, and parasocial interaction of talk radio listening [J]. Journal of Broadcasting & Electronic Media, 2000, 44 (6): 635 - 654.

[73] RUBIN A M, PAUL M H, KEREN E. Viewer aggression and attraction to television talk shows [J]. Media Psychology, 2003: 331 - 362.

[74] RUBIN R B, McHUGH M P. Development of parasocial interaction relationships [J]. Journal of Broadcasting & Electronic Media, 1987, 31 (3): 279 - 292.

[75] RUST H. Struktur und Bedeutung [M]. Berlin: Spiess, 1980: 25 - 40.

[76] SCHRAMM H, WIRTH W. Testing a universal tool for measuring parasocial interaction across different situations and media: Findings from three studies [J]. Journal of Media Psychology, 2010: 26 - 36.

[77] SCHRAMM H, HARTMANN T. The PSI - Process Scales: A new measure to assess the intensity and breadth of parasocial processes [J]. Communications, 2008 (33): 385 - 401.

[78] SCHIAPPA E S, GREGG P B, HEWES D E. The parasocial contact hypothesis [J]. Communication Monographs, 2005, 72 (1): 92 - 115.

[79] SHAW D L, McCOMBS M. Individuals, groups, and agenda

melding: A theory of social dissonance [J]. International Journal of Public Opinion Research, 1999, 11 (1): 21-24.

[80] SLATER M D, ROUNER D. Entertainment-education and elaboration likelihood: Understanding the processing of narrative persuasion [J]. Communication Theory, 2002, 12 (2): 173-191.

[81] SMITH C R. Content analysis and narrative analysis [A] // Handbook of Research Methods in Social and Personality Psychology [C]. REIS H, JUDD C M, ed. Cambridge: Cambridge Universtity Press, 2000: 313-335.

[82] SOOD S, ROGERS E. Dimensions of parasocial interaction by letter-writers to a popular entertainment-education soap opera in India [J]. Journal of Broadcasting and Electronic Media, 2000 (44): 386-414.

[83] SOOD S. Audience involvement and entertainment-education [J]. Communication Theory, 2002, 12 (2): 153-172.

[84] SWANN W B, GOMEZ A, SEYLE C, MORALES F. Identity fusion: The interplay of personal and social identities in extreme group behavior [J]. Journal of Personality and Social Psychology, 2009 (96): 995-101.

[85] TAJFEL H. Differentiation between Social Groups: Studies in The Social Psychology of Intergroup Relations [M]. London: Academic Press, 1978: 270-297.

[86] TAJFEL H, TURNER J C. The social identity theory of intergroup behavior [A]. In Psychology of Intergroup Relations [M]. Worchel

S, Austin W (eds.). Nelson Hall: Chicago, 1986: 7-24.

[87] TRAMMELL K D. Celebrity blogs: Investigation in the persuasive nature of two-way communication regarding politics [D]. Department of Graduate School, University of Florida, Gainesville, Florida, 2004.

[88] TSAO J. Compensatory media use: An exploration of two paradigms [J]. Communication Studies, 1996, 47 (1): 89-109.

[89] TURNER J R. Interpersonal and psychological predictors of parasocial Interaction with different television performers [J]. Communication Quarterly, 1993, 41 (4): 443-453.

附 录

附录一　微博用户访谈提纲

访谈问题：

（1）您是什么时候注册第一个微博账号的？您使用微博的频次如何？您目前微博中的关注数和粉丝数分别是多少？

（2）在最近的一个月，您所关注的微博人物，有没有这样的情况：在现实情境中其实您与他互不相识，但在微博平台上，您觉得自己熟悉和了解关于他的信息，您对他有着比较长一段时间的关注？

（3）在那些您们互不相识的微博人物中，您目前特别关注，而且特别愿意和我们分享是哪五个呢？请比较具体地描述一下其中两个您最愿意与旁人分享的微博人物的情况。

（4）您对这些特别微博人物的关注和对其他一般微博人物关注的

差异表现在哪些方面？

（5）您关注的微博人物中，是否存在一些其实是您不喜欢但又是在积极关注的？您是怎么看这些微博人物的？

（6）当您在浏览这些特别微博账号内容的时候，您会有怎样的感受呢？

（7）当您好久没有浏览这些微博账号内容时，您又会有怎样的感受呢？

（8）和其他一般的微博账号相比，对于您刚提到的这些特别的微博账号，您觉得在感受上存在怎样的差异呢？

（9）如果有一些您关注的微博人物是您不喜欢的，您一般会对他们产生何种感受或体验呢？

（10）如果有机会，您最想对您特别关注和喜欢的那些微博人物做点什么？

（11）如果有机会，您最想对您特别关注但又不喜欢的那些微博人物做点什么？

附录二　基于微博积极准社会交往量表

对喜欢的微博人物的看法	极不同意	较不同意	说不准	较同意	同意
积极认知卷入					
1. 他（她）的微博空间的样子至今历历在目	1	2	3	4	5
2. 他（她）的微博一直吸引着我全部的注意力	1	2	3	4	5
3. 我努力去理解他（她）在微博发表或转发信息内容的意义	1	2	3	4	5
4. 我事后深入思考过他（她）在微博空间中的表现	1	2	3	4	5
5. 我总在想，自己的微博好友中是否有和他（她）类似的人	1	2	3	4	5
6. 我反复问自己，是否经历过与他（她）在微博中所说的类似的处境	1	2	3	4	5
7. 我有时候会回想起自己知道的所有关于他（她）的事情	1	2	3	4	5
8. 我总是会对他（她）的表现好坏做出自己的评价	1	2	3	4	5
9. 我留意过我和他（她）有什么联系或者我和他（她）有什么不同	1	2	3	4	5
积极情感卷入	极不同意	较不同意	说不准	较同意	同意
10. 有时候我为他（她）说过的话或者做过的事情而对他（她）产生爱慕之情	1	2	3	4	5
11. 我对他（她）有好感	1	2	3	4	5
12. 我总是对他（她）充满了同情	1	2	3	4	5

续表

对喜欢的微博人物的看法	极不同意	较不同意	说不准	较同意	同意
13. 在某些情况下我觉得自己和他（她）有同样的感受	1	2	3	4	5
14. 当我进入他（她）的微博空间，我就忘了自己的感受，而被他（她）的情绪所感染	1	2	3	4	5
积极行为卷入	极不同意	较不同意	说不准	较同意	同意
15. 有时候我其实本想要对他（她）说点什么的	1	2	3	4	5
16. 在某些时刻我其实很想和他（她）联系	1	2	3	4	5
17. 我经常会有想把自己的想法告诉他（她）的愿望	1	2	3	4	5

基于微博消极准社会交往

对不喜欢的微博人物的看法	极不同意	较不同意	说不准	较同意	同意
消极认知卷入					
1. 我对他（她）的微博空间比较熟悉	1	2	3	4	5
2. 他（她）的微博给我留下了一些特别印象	1	2	3	4	5
3. 我绝对不会认同他（她）在微博空间的表现	1	2	3	4	5
4. 我绝对不会经历与他（她）在微博中所说的类似的处境	1	2	3	4	5
5. 我对他（她）在微博中接下来会发什么信息几乎没有期待	1	2	3	4	5
6. 我几乎没有猜测过他（她）以后会遇到什么事情	1	2	3	4	5

续表

对不喜欢的微博人物的看法	极不同意	较不同意	说不准	较同意	同意
7. 我觉得他（她）在微博发表或转发的信息内容没有任何价值	1	2	3	4	5
8. 我从未想过他（她）是否和我有什么关系	1	2	3	4	5
消极情感卷入	极不同意	较不同意	说不准	较同意	同意
9. 我曾经有过非常看不起他（她）的时刻	1	2	3	4	5
10. 我对他（她）更多的是负面印象	1	2	3	4	5
11. 我总是非常幸灾乐祸地期待着他（她）会遇到什么倒霉的事情	1	2	3	4	5
12. 我希望他（她）为他（她）说过的话或者做过的事情受到"相应的处罚"	1	2	3	4	5
消极行为卷入	极不同意	较不同意	说不准	较同意	同意
13. 我很想有机会当面向他（她）表达我的不满	1	2	3	4	5
14. 我真觉得应该有人站出来批评他（她）	1	2	3	4	5
15. 我感觉应该做点什么让他（她）意识到自己的问题	1	2	3	4	5

附录三 微博使用情况调查表

一、个人基本情况部分（请在相应选项上打"√"或"＿＿＿"上填写一个实际数字）

1. 您的性别：A. 男　　　B. 女

2. 年龄：＿＿＿周岁

二、个人接触及使用网络情况（请在相应选项上打"√"）

1. 您的网龄为？

A. 1 年以内　　　　B. 1 年~3 年　　　　C. 3 年~5 年

D. 5 年~8 年　　　　E. 8 年以上

2. 您平均每天上网时间为？

A. 1 小时以内　　　B. 1 小时~3 小时　　C. 3 小时~5 小时

D. 5 小时~7 小时

E. 7 小时以上

3. 您上网的目的主要是为了？（可多选）

A. 处理公务　　　　B. 获取信息

C. 满足情感需要（包括点歌、交友）　　D. 消磨时间

E. 网上购物　　　　F. 寻求帮助　　　　G. 娱乐

H. 增长知识　　　　I. 其他

三、微博使用情况（请在相应选项上打"√"）

1. 您目前已注册个人微博账户了吗？

A. 注册

B. 未注册（若您选择此项，请跳过 1~7 题，从 8 题开始继续回答）

2. 您在下列哪些网站上开通了微博账户？（可多选）

A. 新浪　　　　B. 腾讯　　　　C. 网易　　　　D. 搜狐

E. Facebook　　　F. Twitter

G. 其他（如有，请注明_____）

3. 您使用微博多长时间了？

A. 还不到 1 个月　　B. 1 个月~半年　　C. 半年~1 年

211

D. 1年~2年　　　　E. 2年以上

4. 您平均每天使用微博有大约多少时间？

A. 半小时以内　　B. 半小时~1小时　　C. 1~3小时

D. 3~6小时　　　E. 6小时以上

5. 您对自己微博使用的熟练程度评价为？

A. 非常熟练　　　B. 比较熟练　　　　C. 一般熟练

D. 比较不熟练　　E. 非常不熟练

6. 下列描述的微博使用行为中，您目前也一样在做的有哪些？（可多选）

A. 发表个人内容　　B. 转发别人内容　　C. 关注别人内容

7. 根据您自己使用微博的实际情况，您认为微博最重要的功能在于？

A. 了解新闻资讯　　　　　B. 结识新朋友

C. 增加与偶像互动的机会　D. 增进与朋友间的友谊

8. 您对网络内容的总体信任度为？

A. 非常信任　　　B. 比较信任　　　　C. 一般信任

D. 比较不信任　　E. 非常不信任

9. 您对微博内容的总体信任度为？

A. 非常信任　　　B. 比较信任　　　　C. 一般信任

D. 比较不信任　　E. 非常不信任

10. 请凭记忆写出一个您最关注且最喜欢的微博人物_____（微博原名）

10-1 根据您刚提到的这位微博人物，以下是您对他（她）的感受或看法，请在相应的数字上打"√"。

对喜欢的微博人物的看法	极不同意	较不同意	说不准	较同意	同意
1. 他（她）的微博空间的样子至今历历在目	1	2	3	4	5
2. 他（她）的微博一直吸引着我全部的注意力	1	2	3	4	5
3. 我努力去理解他（她）在微博发表或转发信息内容的意义	1	2	3	4	5
4. 我事后深入思考过他（她）在微博空间中的表现	1	2	3	4	5
5. 我总在想，自己的微博好友中是否有和他（她）类似的人	1	2	3	4	5
6. 我反复问自己，是否经历过与他（她）在微博中所说的类似的处境	1	2	3	4	5
7. 我有时候会回想起自己知道的所有关于他（她）的事情	1	2	3	4	5
8. 我总是会对他（她）的表现好坏做出自己的评价	1	2	3	4	5
9. 我留意过我和他（她）有什么联系或者我和他（她）有什么不同	1	2	3	4	5
10. 有时候我为他（她）说过的话或者做过的事情而对他（她）产生爱慕之情	1	2	3	4	5
11. 我对他（她）有好感	1	2	3	4	5
12. 我总是对他（她）充满了同情	1	2	3	4	5
13. 在某些情况下我觉得自己和他（她）有同样的感受	1	2	3	4	5
14. 当我进入他（她）的微博空间，我就忘了自己的感受，而被他（她）的情绪所感染	1	2	3	4	5

续表

对喜欢的微博人物的看法	极不同意	较不同意	说不准	较同意	同意
15. 有时候我其实本想要对他（她）说点什么的。	1	2	3	4	5
16. 在某些时刻我其实很想和他（她）联系	1	2	3	4	5
17. 我经常会有想把自己的想法告诉他（她）的愿望	1	2	3	4	5

10-2 请写出您之所以关注和喜欢他（她）的两个理由：

（1）_____

（2）_____

11. 请凭记忆写出一个您关注但不喜欢的微博人物_____（微博原名）

11-1 根据您刚提到的这位微博人物，以下是您对他（她）的感受或看法，请在相应的数字上打"√"。

对不喜欢的微博人物的看法	极不同意	较不同意	说不准	较同意	同意
1. 我对他（她）的微博空间比较熟悉	1	2	3	4	5
2. 他（她）的微博给我留下了一些特别印象	1	2	3	4	5
3. 我绝对不会认同他（她）在微博空间的表现	1	2	3	4	5
4. 我绝对不会经历与他（她）在微博中所说的类似的处境	1	2	3	4	5
5. 我对他（她）在微博中接下来会发什么信息几乎没有期待	1	2	3	4	5

续表

对不喜欢的微博人物的看法	极不同意	较不同意	说不准	较同意	同意
6. 我几乎没有猜测过他（她）以后会遇到什么事情	1	2	3	4	5
7. 我觉得他（她）在微博发表或转发的信息内容没有任何价值	1	2	3	4	5
8. 我从未想过他（她）是否和我有什么关系	1	2	3	4	5
9. 我曾经有过非常看不起他（她）的时刻	1	2	3	4	5
10. 我对他（她）更多的是负面印象	1	2	3	4	5
11. 我总是非常幸灾乐祸地期待着他（她）会遇到什么倒霉的事情	1	2	3	4	5
12. 我希望他（她）为他（她）说过的话或者做过的事情受到"相应的处罚"	1	2	3	4	5
13. 我很想有机会当面向他（她）表达我的不满	1	2	3	4	5
14. 我真觉得应该有人站出来批评他（她）	1	2	3	4	5
15. 我感觉应该做点什么让他（她）意识到自己的问题	1	2	3	4	5

11-2 请写出您之所以关注而不喜欢他（她）的两个理由：

（1）_____

（2）_____

四、以下句子都是关于工作学习和生活方面的描述，请您仔细阅读，判断下列陈述在多大程度上与您的实际情况相吻合，并在相应的数字上打"√"，答案无对错之分，请尽量按照您的真实想法填写。

描述	极同意	较同意	说不准	不太同意	很不同意
1. 我认为工作是要靠自己创造的	1	2	3	4	5
2. 不论是什么工作,每个人几乎都可以完成想完成的部分	1	2	3	4	5
3. 如果能知道可从工作中得到什么样的收获,就能找到一个满足的工作	1	2	3	4	5
4. 如果组织成员不满意上级为他们所做的决定,就应该积极地采取行动	1	2	3	4	5
5. 能得到自己想要的工作机会,主要是凭运气	1	2	3	4	5
6. 赚钱主要是靠财运	1	2	3	4	5
7. 大部分的人只要肯努力就能胜任工作	1	2	3	4	5
8. 必须有显达的亲朋好友才能得到好工作	1	2	3	4	5
9. 升迁通常是靠运气的	1	2	3	4	5
10. 对争取一份好工作而言,认识关键人物比熟悉这份工作更重要	1	2	3	4	5
11. 升迁是给那些工作上表现良好的人	1	2	3	4	5
12. 必须认识对自己有帮助的人,才有机会升迁	1	2	3	4	5
13. 在大部分的工作中,由于幸运才会成为优秀的干部	1	2	3	4	5
14. 一般说来,认真工作的人都能得到应得的报酬	1	2	3	4	5
15. 大部分的干部对其主管的影响力比他们所想象的大	1	2	3	4	5
16. 我认为训练成果的好与坏之间差别在于运气的好坏	1	2	3	4	5

附表四　微博接触及使用调查表

筛选题：

1. 您有新浪微博账号吗？

（1）有　　（2）无（谢谢您的参与，调查结束）

2. 您开通新浪微博有多长时间了？

（1）半年及以上　　（2）不到半年（谢谢您的参与，调查结束）

3. 近半年来，您在新浪微博上每周发微博的数量？

（1）1 条及以上（包括转发）

（2）少于 1 条（谢谢您的参与，调查结束）

A. 我们想成为您的微博好友，分享您的观点和经验，以便在未来我们能和您发展进一步的联系，因此希望您把您的微博名称及微博链接告诉我们。

您的微博名称是＿＿＿＿＿＿＿＿

您的微博链接是＿＿＿＿＿＿＿＿

B. 根据下列要求，列举一个您关注的个人微博

要求：你们在现实社会关系网络中没有实际接触（见面、电话或在线联系等），如你所崇拜的微博大 V 等，但你觉得他所属的社会群

体吸引你,你甚至希望自己也成为其中的一员。

您关注的好友微博名称是＿＿＿＿＿＿＿＿

您关注的好友微博链接是＿＿＿＿＿＿＿＿

B1. 引导语:下面有两个圆圈,小的圆圈代表你个人,大的圆圈代表你所提及的微博好友所属的社会群体,大圆圈和小圆圈重叠的部分代表你希望成为该社会群体成员的意愿程度,重叠部分越多,代表意愿越强烈。请在下面五个选项中选取你认为最符合你的一个选项并打"√"。

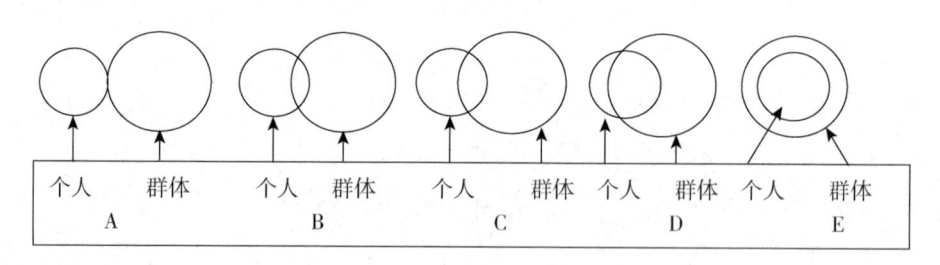

个人 群体	个人 群体	个人 群体	个人 群体	个人 群体
A	B	C	D	E

B2. 根据您刚提到的这位微博人物,以下是您对他(她)的感受或看法,请在相应的数字上打"√"。1 表示非常不同意,3 表示说不准,5 代表非常同意。

编号	选项描述	非常不同意	比较不同意	说不准	比较同意	非常同意
		1	2	3	4	5
1	他(她)的微博空间的样子至今历历在目					
2	他(她)的微博一直吸引着我全部的注意力					

续表

编号	选项描述	非常不同意 1	比较不同意 2	说不准 3	比较同意 4	非常同意 5
3	我努力去理解他（她）在微博发表或转发信息内容的意义					
4	我事后深入思考过他（她）在微博空间中的表现					
5	我总在想，自己的微博好友中是否有和他（她）类似的人					
6	我反复问自己，是否经历过与他（她）在微博中所说的类似的处境					
7	我有时候会回想起自己知道的所有关于他（她）的事情					
8	我总是会对他（她）的表现好坏做出自己的评价					
9	我留意过我和他（她）有什么联系或者我和他（她）有什么不同					
10	有时候我为他（她）说过的话或者做过的事情而对他（她）产生爱慕之情					
11	我对他（她）有好感					
12	我总是对他（她）充满了同情					
13	在某些情况下我觉得自己和他（她）有同样的感受					
14	当我进入他（她）的微博空间，我就忘了自己的感受，而被他（她）的情绪所感染					
15	有时候我其实本想要对他（她）说点什么的					
16	在某些时刻我其实很想和他（她）联系					
17	我经常会有想把自己的想法告诉他（她）的愿望					

C1. 您的性别：1. 男　2. 女

C2. 您的年龄：_____（请按您的周岁直接填写数字）

C3. 您的职业：

1. 公务员　2. 学生　3. 事业单位员工

4. 企业中层以上管理人员　5. 企业一般员工

6. 私营企业主或个体工商户　7. 自由职业者

8. 无业人员　9. 其他

C4. 您的教育情况：

1. 高中及以下　2. 专科　3. 本科　4. 研究生

再次感谢您的配合！

后 记

从2013年开始，我就计划着对目前国内外的准社会交往研究做一个比较详细的综述，而且也把自己做的相关研究工作做个整理，然后出一本专著。因为之前已经做了一些相关准备，想着也就一两年应该能把书稿整理出来出版。可是万万没有想到，这个计划会拖那么久，从2013年敲下本书稿的第一个字，直到今天交付最后书稿，整整过去了七个年头。由于平日里忙于处理教学和管理工作事务，只能在假期抽空整理书稿，虽然心里一直催着自己快点把书稿整理出来，但写书进展总是断断续续，也许是自己专注度不够，也许是工作效率不够高。交出这份书稿，总算是为这场"持久战"划上一个完满的句号。

从2009年开始关注准社会交往的研究，而且此后几年也是一直在从事相关的研究工作。当时还在浙江传媒学院工作，非常庆幸的是，我在研究工作中结识了一群志同道合的朋友，其中就包括有相同研究兴趣的葛进平研究员、方建移教授、章洁教授。他们都是目前国内最早关注准社会交往研究的学者。我们一起讨论、研究，并逐渐形成一个稳定的研究团队。我们的研究先后得到杭州市哲社规划项目重点资助、浙江省哲社规划项目资助和教育部人文社科规划项目资助。2011年，我开始进入中国传媒大学博士后流动站从事传播学博士后研究工作，仍然以准社会交往为主要课题，其间又继续获得中国博士后科学基金面上项目资助和特别项目资助，相关研究成果也得以发表在本专业的多种核心期刊上，这也充分说明准社会交往研究工作得到了学界同行的高度认可。

本书内容主要是基于微博环境下的准社会交往现象研究。研究大部分工作是本人在浙江传媒学院工作期间和在中国传媒大学从事博士后研究工作期间完成的，研究得到了许多学界同行的帮助。首先特别感谢浙江传媒学院葛进平研究员，他是我进入准社会交往研究领域的引路人，他一直鼓励和支持我从事这一领域的研究，并对本书稿综述部分内容提供了大量文献资料；其次，感谢研究团队的另外两位合作成员方建移教授和章洁教授，他们是我的良师益友，给本研究提供了诸多宝贵意见；再者，感谢我的博士后合作导师柯惠新教授，她在我从事博士后研究期间提供了大量的学术指导和支持，使我在准社会交往研究上更上一层楼；此外，还要感谢一位未曾谋面的朋友，他是瑞士苏黎世大学的 Holger Schramm 教授，本书中微博准社会交往量表的开发和编制，得到了 Schramm 教授的指导和支持，他将自己编制的准社会交往量表供本研究参考，并且同意我们将他的德文量表翻译成中文量表进行使用。最后，感谢家人一直以来的支持和理解，使我能够安心写书，不必应付家中琐碎之事。

>>> 后 记

  在敲下这些文字的时刻，我们的国家正面临着一场史无前例的大疫情，希望这场疫情快点过去，也希望每个人都能在这场疫情中平平安安。

2020 年正月十五于兰溪